档案行政学

毛 坤○著

重庆大学出版社

图书在版编目（CIP）数据

档案行政学 / 毛坤著. -- 重庆：重庆大学出版社，
2022.11
（巴渝文库）
ISBN 978-7-5689-3587-6

Ⅰ.①档⋯ Ⅱ.①毛⋯ Ⅲ.①档案学史—中国—民国
Ⅳ.①G270.92

中国版本图书馆CIP数据核字（2022）第240830号

档案行政学

DANG'AN XINGZHENGXUE

毛　坤○著

学术审稿：唐润明　张爱芳

策划编辑：孙英姿
责任编辑：张家钧
责任校对：黄菊香
责任印制：张　策

重庆大学出版社出版发行
出版人：饶帮华
社址：（401331）重庆市沙坪坝区大学城西路21号
网址：http://www.cqup.com.cn
全国新华书店经销
重庆市联谊印务有限公司印刷

开本：787mm×1092mm　1/16　印张：18.75　字数：297千
2022年11月第1版　　2022年11月第1次印刷
ISBN 978-7-5689-3587-6　定价：98.00元

《巴渝文库》编纂委员会

（以姓氏笔画为序）

主　　任　　张　鸣
副 主 任　　郑向东
成　　员　　任　竞　　刘　旗　　刘文海　　米加德　　李　鹏　　吴玉荣
　　　　　　张发钧　　陈兴芜　　陈昌明　　饶帮华　　祝轻舟　　龚建海
　　　　　　程武彦　　詹成志　　潘　勇

《巴渝文库》专家委员会

（以姓氏笔画为序）

学术牵头人　　蓝锡麟　　黎小龙
成　　　员　　马　强　　王志昆　　王增恂　　白九江　　刘兴亮　　刘明华
　　　　　　　刘重来　　李禹阶　　李彭元　　杨恩芳　　杨清明　　吴玉荣
　　　　　　　何　兵　　邹后曦　　张　文　　张　瑾　　张凤琦　　张守广
　　　　　　　张荣祥　　周　勇　　周安平　　周晓风　　胡道修　　段　渝
　　　　　　　唐润明　　曹文富　　龚义龙　　常云平　　韩云波　　程地宇
　　　　　　　傅德岷　　舒大刚　　曾代伟　　温相勇　　蓝　勇　　熊　笃
　　　　　　　熊宪光　　滕新才　　潘　洵　　薛新力

《巴渝文库》办公室

（以姓氏笔画为序）

王志昆　　艾智科　　刘向东　　杜芝明　　李远毅　　别必亮
张　进　　张　瑜　　张永洋　　张荣祥　　陈晓阳　　金维贤
周安平　　郎吉才　　袁佳红　　聂昌红　　黄　璜　　曹　璐
温相勇

总序

蓝锡麟

两百多万字的《巴渝文献总目》编成出版发行，一部七册，相当厚实。它标志着，历经七年多的精准设计、切实论证和辛勤推进，业已纳入《重庆市国民经济和社会发展第十三个五年规划纲要》的《巴渝文库》编纂工程，取得了第一个硕重的成果。它也预示着，依托这部重庆历史上前所未有的大书所摸清和呈显的巴渝文献的可靠家底，对巴渝文化的挖掘、阐释、传承和弘扬，都有可能进入一个崭新的阶段。

《巴渝文库》是一套以发掘梳理、编纂出版为主轴，对巴渝历史、巴渝人文、巴渝风物等进行广泛汇通、深入探究和当代解读，以供今人和后人充分了解巴渝文化、准确认知巴渝文化，有利于存史、传箴、资治、扬德、励志、育才的大型丛书。整套丛书都将遵循整理、研究、求实、适用的编纂方针，运用系统、发展、开放、创新的文化理念，力求能如宋人张载所倡导的"为天地立心，为生民立命，为往圣继绝学，为万世开太平"那样，对厘清巴渝文化文脉，光大巴渝文化精华，作出当代文化视野所能达致的应有贡献。

这其间有三个关键词，亦即"巴渝""文化"和"巴渝文化"。

"巴渝"称谓由来甚早。西汉司马相如的《上林赋》中，即有"巴俞（渝）宋蔡，淮南《于遮》"的表述，桓宽的《盐铁论·刺权篇》也有"鸣鼓巴俞（渝），作于堂下"的说法。西晋郭璞曾为《上林赋》作注，指认"巴西阆中有俞（渝）水，獠人居其上，皆刚勇好舞，汉高募取以平三秦。后使乐府习之，因名'巴俞（渝）舞'也"。从前后《汉书》到新旧《唐书》等正史，以及《三巴记》《华阳国志》等方志中，都能见到"巴渝乐""巴渝舞"的记载。据之不难判定，"巴渝"是一个得名颇久远的地域历史概念，它泛指的是先秦巴国、秦汉巴郡辖境所及，中有渝水贯注的广大区域。当今重庆市，即为其间一个至关重要的组成部分，并且堪称主体部分。

关于"文化"的界说，古今中外逾百种，我们只取在当今中国学界比较通用的一种。马克思在《1844年经济学哲学手稿》里指出："动物只生产自己本身，而人则再生产整个自然界。"因此，"自然的人化"，亦即人类超越本能的、有意识地作用于自然界和社会的一切创造性活动及其物质、精神产品，就是广义的文化。在广义涵蕴上，文化与文明大体上相当。广义文化的技术体系和价值体系建构两极，两极又经由语言和社会结构组成文化统一体。其中的价值体系，即与特定族群的生产方式和生活方式相适应，构成以语言为符号传播的价值观念和行为准则，通常被称为观念形态，就是狭义的文化。文字作为语言的主要记载符号，累代相积地记录、传播和保存、认证人类文明的各种成果，即形成跨时空的基本文献。随着人类文明的进步，文献的生成形式日益增多，但任何别的形式都取代不了文字的文献主体地位。以文字为主体的文献直属于狭义文化，具有知识性特征，同时也是广义文化的价值结晶。《巴渝文库》的"文"即专指以文字为主体的文献，整部丛书都将依循上述认知从文献伸及文化。

将"巴渝"和"文化"两个概念链接起来和合为一，标举出"巴渝文化"特指概念，乃是二十世纪中后期发生的事。肇其端，在于卫聚贤主编的《说文月刊》，1941年10月在上海，1942年8月在重庆，先后发表了他本人撰写的《巴蜀文化》一文，并以"巴蜀文化专号"名义合计发表了25篇相关专题文章，破天荒揭橥了巴蜀文化的基本内涵。继其后，从五十年代到九十年代，以成渝两地的学者群作为学术研究主体，也吸引了全国学界一些专家的关注和参与，对巴蜀文化的创新探究逐步深化、丰富和拓展，并由"巴蜀文化"总体维度向"巴蜀文明""巴渝文化"两个向度切分、提升和衍进。在此基础上，以1989年11月重庆市博物馆编辑、重庆出版社出版第一辑《巴渝文化》首树旗帜，经1993年秋在渝召开"首届全国巴渝文化学术研讨会"激扬波澜，到1999年间第四辑《巴渝文化》结集面世，确证了"巴渝文化"这一地域历史文化概念的提出和形成距今已近三十年，且已获得全国学界的广泛认同。黎小龙所撰《"巴蜀文化""巴渝文化"概念及其基本内涵的形成与嬗变》一文，对其沿革、流变及因果考镜翔实，梳理通达，足可供而今而后一切关注巴渝文化的人溯源知流，辨伪识真。

从中不难看出，巴蜀文化与巴渝文化不是并列关系，而是种属关系，彼此间有同有异，可合可分。用系统论的观点考察种属，自古及今，巴蜀文化都是与荆楚文化、吴越文化同一层级的长江流域文化的一大组成部分，巴渝文化则是巴蜀文化的一个重要分支。自先秦迄于两汉，巴渝文化几近巴文化的同义语，与蜀文化共融而成巴蜀文化。魏晋南北朝以降，跟巴渝相对应的行政区划迭有变更，仅言巴渝渐次不能遍及巴，但是，在巴渝文化的核心区、主体圈和辐射面以内，巴文化与蜀文化的兼容性和互补性，或者一言以蔽之曰同质性，仍然不可移易地扎根存在，任何时势下都毋庸置疑。而与之同时，大自然的伟力所造就的巴渝山水地质地貌，又以不依任何人的个人意志为转移的超然势能，对于生息其间的历代住民的生产方式和生活方式施予重大影响，从而决定了巴人与蜀人的观念取向和行为取向不尽一致，各有特色。再加上巴渝地区周边四向，除西之蜀外，东之楚、南之黔、北之秦以及更广远的中原地区，其文化都会与之相互交流、渗透和浸润，其中楚文化与巴文化的相互作用尤其不可小觑，这就势所必至地导致了巴渝文化之于巴蜀文化会有某些异质性。既具同质性，又有异质性，共生一体就构成了巴渝文化的特质性。以此为根基，在尊重巴蜀文化对巴渝文化的统摄地位的前提下，将巴渝文化切分出来重新观照，切实评价，既合乎逻辑，也大有可为。

楚文化对于巴渝文化的深远影响仅次于蜀文化，历史文献早有见证。《华阳国志·巴志》指出："江州以东，滨江山险，其人半楚，姿态敦重。垫江以西，土地平敞，精敏轻疾。上下殊俗，情性不同。"这正是巴、楚两种文化交相作用的生动写照。就地缘结构和族群渊源而言，恰是长江三峡的自然连接和荆巴先民的人文交织，造成了巴、楚地域历史文化密不可分。理当毫不含糊地说，巴渝文化地域恰是巴蜀文化圈与荆楚文化圈的边缘交叉地带。既边缘，又交叉，正负两端效应都有。正面的效应，主要体现在有利于生成巴渝文化的开放、包容、多元、广谱结构走向上。而负面的效应，则集中反映在距离两大文化圈的核心地区比较远，在社会生产力和文化传播力比较低下的古往年代，无论在广义层面，还是在狭义层面，巴渝文化的演进发展都难免于相对滞后。负面效应贯穿先秦以至魏晋南北朝时期，直至唐宋才有根本的改观。

地域历史的客观进程即是构建巴渝文化的学理基石。当第四辑《巴渝文化》出版面世时，全国学界已对巴渝文化概念及其基本内涵取得不少积极的研究成果，认为巴渝文化是指以今重庆为中心，辐射川东、鄂西、湘西、黔北这一广大地区内，从夏商至明清乃至于近现代的物质文化和精神文化的总和，已然成为趋近共识的地域历史文化界说。《巴渝文库》自设计伊始，便认同这一界说，并将其贯彻编纂全过程。但在时空界线上略有调整，从有文物佐证和文字记载的商周之际开始，直至1949年9月30日为止，举凡曾对今重庆市以及周边相关的历代巴渝地区的历史进程产生过影响，留下过印记，具备文献价值，能够体现巴渝文化的基本内涵的各种信息记录，尤其是得到自古及今广泛认同的著作乃至单篇，都在尽可能搜集、录入和整理、推介之列，当今学人对于巴渝历史、巴渝人文、巴渝风物等的开掘、传扬性研究著述也将与之相辅相成。一定意义上，它也可以叫《重庆文库》，然而不忘文化渊源，不忘文化由来，还是命名《巴渝文库》顺理成章。

必须明确指出，《巴渝文库》瞩目的历代文献，并非一概出自巴渝本籍人士的手笔。因为一切文化得以生成和发展，注定都是在其滋生的热土上曾经生息过的所有人，包括历代的本籍人和外籍人，有所发现、有所创造的累积式的共生结果，不应当流于偏执和狭隘。对巴渝文化而言，珍重和恪守这一理念尤关紧要。唐宋时期和抗战时期，毫无疑义是巴渝文化最辉煌的两大时段，抗战时期尤其代表着当时中国的最高成就。在这两大时段中，非巴渝籍人士确曾有的发现和创造，明显超过了巴渝本籍人士，排斥他们便会自损巴渝文化。在其他的时段中，无分籍贯的共生共荣也是常态。所以我们对于文献的收取原则，是不分彼此，一视同仁，尊重历史，敬畏前贤。只不过，有惩于诸多发抉限制，时下文本还做不到应收尽收，只能做到尽力而为。拾遗补阙之功，容当俟诸后昆。

还需要强调一点，那就是作为观念形态的狭义的文化，在其生成和发展的过程中，必然会受到一定时空的自然条件和社会条件，尤其是后者中的经济、政治等广义文化要素的多层性多样性的制约和支配。无论是共时态还是历时态，都因之而决定，不同的地域文化会存在不平衡性和可变动性。但文化并不是经济和政治的单相式仆从，它也有自身的构成品质和运行规律。一方面，文化的发展与经济、政治的发展并不一定同步，通常呈现出相对滞后性和相对稳定性，而在特定的社会异动中又有可能凸显超前，引领未来。另一方面，不管处于哪种状态下，文化都对经济、政治等具有能动性的反作用，特别是反映优秀传统或先进理念的价值观念和行为准则，对整个社会多维度的、广场域的渗透影响十分巨大，不可阻遏。除此而外，任何文化强势区域的产生和延续，决然都离不开文化贤良和学术精英富于创造性的引领和开拓。这一切，在巴渝文化三千多年的演进流程中都有长足的映现，而《巴渝文库》所荟萃的历代文献正是巴渝文化行进路线图的历史风貌长卷。

从这一长卷可以清晰地指认，巴渝文献为形，巴渝文化为神，历代先人所创造的巴渝地域历史文化的确堪称源远流长，根深叶茂，绚丽多姿，历久弥新。如果将殷商卜辞当中关于"巴方"的文字记载当作文献起点，那么，巴渝文献累积进程已经有3200余年。尽管文献并不能够代替文物、风俗之类对于文化也具有的载记功能和传扬作用，但它作为最重要的传承形态，载记功能和传扬作用更是无可比拟的。《巴渝文献总目》共收入著作文献7212种，单篇文献29479条，已经足以彰显巴渝文化的行进路线。特别是7212种著作文献，从商周到六朝将近1800年为24种，从隋唐至南宋将近700年为136种，元明清三代600多年增至1347种，民国38年间则猛增到5705种，分明已经展示出了巴渝文化的四个行进阶段。即便考虑到不同历史阶段确有不少文献生存的不可比因素，这组统计数字也昭示人们，巴渝文化的发展曾经历了一个怎样的漫长过程。笼而统之地称述巴渝文化博大精深未必切当，需要秉持实事求是的学理和心态，对之进行梳理和诠释。

第一个阶段，起自商武丁年间，结于南朝终止。在这将近1800年当中，前大半段恰为上古巴国、秦汉巴郡的存在时期，因而正是巴渝文化的初始时期；后小半段则为三国蜀汉以降，多族群的十几个纷争政权先后交替分治时期，因而从文化看只是初始时期的迟缓延伸。巴国虽曾强盛过，却如《华阳国志·巴志》所记，在鲁哀公十八年（前477）以后，即因"楚主夏盟，秦擅西土，巴国分远，故于盟会希"，沦落为一个无足道的僻远弱国。政治上的边缘化，加之经济上的山林渔猎文明、山地农耕文明相交错，生产力低下，严重地桎梏了文化的根苗苗壮生长。其间最大的亮点，在于巴、楚交流、共建而成的巫、神、辞、谣相融合的三峡文化，泽被后世，长久不衰。两汉四百年大致延其续，在史志、诗文等层面上时见踪影，但表现得相当零散，远不及以成都为中心的蜀文化在辞赋、史传等领域都蔚为大观。魏晋南北朝三百多年，巴渝地区社会大动荡，生产大倒退，文化生态极为恶劣，反倒陷入了裹足不前之状。较之西向蜀文化和东向楚文化，这一阶段的巴渝文化，明显地处于后发展态势。

第二个阶段，涵盖了隋唐、五代、两宋，近七百年。其中的前三百余年国家统一，驱动了巴渝地区经济社会恢复性的良动发展，后三百多年虽然重现政治上的分合争斗，但文化开拓空前自觉，合起来都给巴渝文化注入了生机和活力。特别是科举、仕宦、贬谪、游历诸多因素，促成了包括李白、"三苏"在内，尤其是杜甫、白居易、刘禹锡、黄庭坚、陆游、范成大等文学巨擘寓迹巴渝，直接催生出两大辉煌。一是形成了以"夔州诗"为品牌的诗歌胜境，流誉峡江，彪炳汗青，进入了唐宋两代中华诗歌顶级殿堂。二是发掘出了巴渝本土始于齐梁的民歌"竹枝词"，创造性转化为文人"竹枝词"，由唐宋至于明清，不仅传播到全中国的众多民族和广大地区，而且传播到全世界五大洲，这一旷世奇迹实为历代中华民歌之独一无二。与之相仿佛，宋代理学大师周敦颐、程颐先后流寓巴渝，也将经学、理学以及兴学施教之风传播到巴渝，迄及明清仍见光扬。在这两大场域内，领受他们的雨露沾溉，渐次有了巴渝本土文人如李远、冯时行、度正、阳枋等的身影和行迹。尽管这些本土文人并没有跻身全国一流，但他们在局部范围的异军突起，卓尔不群，在巴渝文化史上终究有标志意义。就文化突破价值而言，丝毫不亚于1189年重庆升府得名，进而将原先只有行政、军事功能的本城建成一座兼具行政、军事、经济、文化、交通等多功能的城市。尽有理由说，这个阶段显示出巴渝文化振起突升，重新融入中华文化的大进程，并给自己确立了不可忽视的地位。

第三个阶段，贯通元明清，六百多年。在这一时期，中华民族统一国家的族群结构和版图结构最终底定，四川省内成渝之间的统属格局趋于稳固，经济社会发展进入了新的里程，巴渝文化也因之而拓宽领域沉稳地成长。特别是明清两代大量移民由东、北、南三向进入巴渝地区，晚清重庆开埠，相继带来新技术和新思想，对促进经济发展、社会开放和文化繁荣起了大作用。本地区文化名人应运而生，前驱后继，文学如邹智、张佳胤、傅作楫、周煌、李惺、李士棻、王汝璧、钟云舫，史学如张森楷，经学如来知德，佛学如破山海明，书画如龚晴皋，成就和影响都超越了一时一地。特别是邹容，其《革命军》宣传民主主义国民革命思想，更是领异于清末民初，标举着那个时代先进政治学的制高点。外籍的文化名人，诸如杨慎、曹学佺、王士祯、王尔鉴、李调元、张问陶、赵熙等，亦有多向的不俗建树。尽管除邹容一响绝尘之外，缺少了足以与唐宋高标相比并的全国顶尖级的大师与巨擘，但在总体文化实力上确乎已经超越唐宋。这就好比按照地理学分类，巴渝境内的诸多雄峰尚属中山，却已群聚成为相对高地那样，巴渝文化在这个阶段也构筑起了有体量的相对高地。

第四个阶段，本应从1891年重庆开埠算起，延伸至今仍没有终结，但按《巴渝文库》文献取舍的既定体例，只截取了从1912年中华民国成立开始，到1949年9月30日为止的一段，共38年。虽然极短暂，社会历史的风云激荡却是亘古无二的，重庆在抗日战争时期成为全中国的战时首都更是空前绝后的。由辛亥革命到五四运动，重庆的思想、政治精英已经站在全川前列，家国情怀、革命意识已经在巴渝地区强势偾张。至抗战首都期间，数不胜数的、难以列举的全国一流的文化贤良和学术精英汇聚到了当时重庆和周边地区，势所必至地全方位、大纵深地推动文化迅猛突进，从而将重庆打造成了那个时期全中国的最大最高的文化高地，其间还耸立着不少全国性的文化高峰。其先其中其后，巴渝本籍的文化先进也竞相奋起，各展风骚，如任鸿隽、卢作孚、刘雪庵就在他们所致力的文化领域高扬过旗帜，向楚、杨庶堪、潘大逵、吴芳吉、胡长清、张锡畴、何其芳、李寿民、杨明照等也声逾夔门，成就不凡。毫无疑问，这是巴渝文化臻至鼎盛、最为辉煌的一个阶段，前无古人，后世也难以企及。包括大量文献在内，它所留下的极其丰厚的思想、价值和精神遗产，永远都是巴渝文化最珍贵的富集宝藏。

由文献反观文化，概略勾勒出巴渝文化的四个生成、流变、发展、壮大阶段，当有助于今之巴渝住民和后之巴渝住民如实了解巴渝文化，切实增进对于本土文化的自知之明、自信之气和自强之力，从而做到不忘本来，吸收外来，面向未来，更加自觉地传承和弘扬巴渝文化，持续不懈地推动巴渝文化在新的语境中创造性转化，创新性发展。对于本土以外关注巴渝文化的各界人士，同样也具有认识意义。最先推出的《巴渝文献总目》没有按照这四个阶段划段分卷，而是依从学界通例分成"古代卷"和"民国卷"，与如此分段并不相抵牾。四分着眼于细密，两分着眼于大观，各有所长，相得益彰。

《巴渝文献总目》作为《巴渝文库》起始发凡的第一部大书，基本的编纂目的在于摸清文献家底，这一个目的已然达到。但它展现的主要是数量。回溯到文化本体，文献数量承载的多半还是文化总体的支撑基座的长度和宽度，而并不是足以代表那种文化的品格和力量的厚度与高度。文化的品格和力量蕴含在创造性发现和创新性发展中，浸透着质量，亦即思想、价值、精神的精华，任何文化形态均无所例外。因此，几乎与编纂《巴渝文献总目》同时起步，我们业已组织专业团队，着手披沙拣金，精心遴选优秀文献，分门别类，钩玄提要，以期编撰出第二部大书《巴渝文献要目提要》。两三年以内，当《巴渝文献要目提要》也编成出版以后，两部大书合为双璧，就将对传承和弘扬巴渝文化，历久不衰地发出别的文化样式所不可替代的指南工具书作用。即便只编成出版这样两部大书，《巴渝文库》文化工程即建立了历代前人未建之功，足可以便利当代，嘉惠后世，恒久存传。

《巴渝文库》的期成目标，远非仅编成出版上述两部大书而已。今后十年内外，还将以哲学宗教、政治法律、军事、经济、文化科学教育、语言文学艺术、历史与地理、地球科学、医药卫生、交通运输、市政与乡村建设、名人名家文集、方志碑刻与报纸期刊等十三大类的架构形式，分三步走，继续推进，力争总体量达到300种左右。规划明确的项目实施大致上安排启动、主推、扫尾三个阶段，前后贯连，有序推进。2018年至2020年为启动阶段，着力做好《巴渝文库》文化工程的实施规划和项目发布两项工作，并且形成10种有影响的示范性成果。2021年至2025年为主推阶段，全面展开《巴渝文库》文化工程十三大类的项目攻关，努力完成200种左右文献的搜集、整理、编纂和出版任务，基本呈现这一工程的社会影响。2026年至2028年为扫尾阶段，继续落实《巴渝文库》文化工程的各项规则，既为前一阶段可能遗留的未尽项目按质结项，又再完成另外90种文献的搜集、整理、编纂和出版任务，促成这一工程的综合效应得到充分体现。如果届时还不能如愿扫尾，宁肯延长两三年，多花些功夫，也要坚持责任至上，质量第一，慎始慎终，善始善终，确保圆满实现各项既定目标。

应该进一步强调，《巴渝文库》是重庆有史以来规模最大、历时最长的综合性文化工程，涉及先秦至民国几乎所有的学科。与一般的文献整理和课题研究不同，它所预计整理、出版的300种左右图书，每种图书根据实际文献数量的多少，将分成单册与多册兼行，多册又将分成几册、数十册乃至上百册不等，终极体量必将达到数千册，从而蔚成洋洋大观。搜集、整理、编纂和出版如此多的文献典籍，必须依靠多学科的专家、学者通力合作，接力建功，这其间必定会既出作品，又出人才，其社会效益注定将是难以估量的。

规划已具轮廓，项目已然启动，《巴渝文库》文化工程正在路上。回顾来路差堪欣慰，展望前景倍觉任重。从今往后的十年内外，所有参与者都

档案行政学
DANGAN XINGZHENGXUE

极需要切实做到有抱负，有担当，攻坚克难，精益求精，前赴后继地为之不懈进取，不竟全功，决不止息。它也体现着党委意向和政府行为，对把重庆建设成为长江上游的文化高地具有不容低估的深远意义，因而也需要党委和政府高屋建瓴，贯穿全程地给予更多关切和支持。它还具备了公益指向，因而尽可能地争取社会各界关注和扶助，同样不可或缺。事关立心铸魂，必须不辱使命，前无愧怍于历代先人，后无愧怍于次第来者。初心长在，同怀勉之！

2016年12月16日初稿

2018年9月27日改定

凡例

《巴渝文库》是一套以发掘梳理、编纂出版巴渝文献为主轴，对巴渝历史、巴渝人文、巴渝风物等进行广泛汇通、深入探究和当代解读，以供今人和后人充分了解巴渝文化、准确认知巴渝文化，有利于存史、传箴、资治、扬德、励志、育才的大型丛书。整套丛书都将遵循整理、研究、求实、适用的编纂方针，运用系统、发展、开放、创新的文化理念，力求能如宋人张载所倡导的"为天地立心，为生民立命，为往圣继绝学，为万世开太平"那样，对厘清巴渝文化文脉，光大巴渝文化精华，作出当代文化视野所能达致的应有贡献。

一、收录原则

1. 内容范围

①凡是与巴渝历史文化直接相关的著作文献，无论时代、地域，原则上都全面收录；

②其他著作之中若有完整章（节）内容涉及巴渝的，原则上也收入本《文库》；全国性地理总志中的巴渝文献，收入本《文库》；

③巴渝籍人士（包括在巴渝出生的外籍人士）的著作，收入本《文库》；

④寓居巴渝的人士所撰写的其他代表性著作，按情况酌定收录，力求做到博观约取、去芜存菁。

2. 地域范围

古代，以秦汉时期的巴郡、晋《华阳国志》所载"三巴"之地域为限；

民国，原则上以重庆直辖（1997年）后的行政区划为基础，参酌民国时期

1

的行政建制适当张弛。

3.时间范围

古代，原则上沿用中国传统断代，即上溯有文字记载、有文物佐证的先秦时期，下迄1911年12月31日；民国，收录范围为1912年1月1日至1949年9月30日。

4.代表性与重点性

《巴渝文库》以"代表性论著"为主，即能反映巴渝地区历史发展脉络、对巴渝地区历史进程产生过影响、能够体现地域文化基本内涵、得到古今广泛认同且具有文献价值的代表性论著。

《巴渝文库》突出了巴渝地区历史进程中的"重点"，即重大历史节点、重大历史阶段、重大历史事件、重要历史人物。就古代、民国两个阶段而言，结合巴渝地区历史进程和历史文献实际，突出了民国特别是抗战时期重庆的历史地位。

二、收录规模

为了全面、系统展示巴渝文化，《巴渝文库》初步收录了哲学宗教、政治法律、军事、经济、文化科学教育、语言文学艺术、历史与地理、地球科学、医药卫生、交通运输、市政与乡村建设、名人名家文集、方志碑刻报刊等方面论著约300种。

其中，古代与民国的文献收录数量大致相同。根据重要性、内容丰富程度与相关性等，"一种"可能是单独一个项目，也可能是同"类"的几个或多个项目，尤以民国体现最为明显。

三、整理原则

《巴渝文库》体现"以人系文""以事系文"的整理原则，以整理、辑录、点校为主，原则上不影印出版，部分具有重要价值、十分珍贵、古今广泛认同、流传少的论著，酌情影印出版。

每一个项目有一个"前言"。"前言"，包括文献著者生平事迹、文献主要内容与价值，陈述版本源流，说明底本、主校本、参校本的情况等。文献内容重新编次的，则说明编排原则及介绍有关情况。

2

前言

李彭元

毛坤是我国现代著名的图书馆学家、目录学家和现代档案学教育的开拓者和奠基人。除了求学经历外，其生前主要在私立武昌文华图书馆学专科学校（简称"文华图专"）和四川大学担任教职。他的学术成果主要涉及图书馆学、目录学和档案学等领域。从文华图专到四川大学，毛坤讲授过的课程主要有图书馆学、目录学、中国目录学、中国图书编目法、中国史部目录学、西洋史部目录学、中文参考书、文史哲概论、检字法、档案经营法、档案行政学、档案编目法等。仅在文华图专担任教职期间，他编撰过的讲义就有10多种，一般都是作为学校的内部教材使用。

毛坤除了生前公开发表的部分学术论文外，目前还有他的高足梁建洲、廖洛纲和梁鱣如等辑录的《毛坤图书馆学档案学文选》由四川大学出版社出版（2000年），《档案经营法》由武汉大学出版社列入"武汉大学百年名典"出版（2013年），其余著作则由于战乱等原因大部散佚。《档案行政学》手稿是抗战时期毛坤随文华图专由武昌西迁重庆期间因教学需要所编写的讲义，是我国现代档案学教育起步阶段的重要文献，一直以手稿的形式存在，未曾公开出版。目前该手稿已由毛坤家人捐赠给了四川大学校史馆珍藏。

一

毛坤，字良坤，号体六，因信奉"师古效西而不泥，熔之一炉为我用"的治学之道，又自号铁炉。他于1899年（清光绪二十五年）9月22日出生在四川宜

宾。毛坤的祖籍在贵州清水（今赤水），因明末黔中大旱，其先祖率家人北上入川，卜居宜宾与自流井交界处的漆树荡杨湾。毛坤的父亲毛见贤（鹄堂）和母亲黎瑞甫一生育有5男2女，毛坤居长。毛坤的幼年在川南乡间度过，1904年（清光绪三十年）他5岁时入乡间私塾接受启蒙教育并在私塾读书10年。他勤奋好学，深受塾师赏识，后经孔滩乡人张寿廷资助，考入四川省立第一师范学校，毕业后留在该师范学校附属小学任教。

1922年，毛坤在四川省立第一师范学校附属小学任教两年后，考入北京大学预科（乙部英文班）。1924年，他由北京大学预科升入哲学系本科。在北京大学求学期间，毛坤参加了明清档案的整理和编辑工作。1926年，武昌文华大学图书科在全国招收图书馆学免费生。迫于经济压力的毛坤遂以大学二年级肄业生的身份投考，被录取为武昌文华大学图书科新制第一班学生。1928年6月，他毕业后留校担任教职。

1929年，毛坤得到私立武昌文华图书馆学专科学校校长沈祖荣的支持，带薪返回北京大学继续攻读哲学学位，完成其未竟的学业。其间，他先后受教于胡适和哲学系主任陈大齐。当年胡适在北京大学做学术救国演讲时，毛坤曾担任记录员。其毕业论文由著名黑格尔哲学研究专家张颐教授指导完成。毛坤还是北京大学国学门方言调查会会员，曾就方言学术问题与周作人进行公开论争。1930年，毛坤于北京大学毕业获文学学士学位后返回文华图专继续担任教职。

文华图专是一所专门培养图书馆学专业人才的袖珍型学府，全校师生员工不足百人，它的前身是武昌文华大学图书科。1927年秋，当时的国民政府教育部宣布所有私立学校应重新登记注册，否则所颁发的学历证书无效。1928年12月，武昌文华大学图书科创办人韦棣华和沈祖荣等组织董事会，以"私立武昌文华图书馆学专科学校"的名义向教育部申请立案，1929年8月，获得批准。同年9月，停办两年的华中大学复办后，私立武昌文华图书馆学专科学校并入华中大学。1930年6月，该校又脱离华中大学，沿用1929年8月教育部批准的校名"私立武昌文华图书馆学专科学校"开始独立办学。1953年，全国院系调整后，该校并入武汉大学，以后逐步发展成为现在的武汉大学信息管理学院，成为我国培养图书馆学专业人才的最高学府。毛坤在文华图专历任助教、讲师、副教授、教授、教务长兼校刊社总编辑，还曾被推选为中华图书馆协会理事会理事、监察委员会委员和书记等。

"七七事变"后，抗战全面爆发，文华图专于1938年夏奉命从武昌内迁至重庆继续办学。毛坤受校长沈祖荣委托，先期前往重庆筹划文华图专迁渝事宜。此后，他在重庆与文华图专一道度过了艰难的抗战岁月。1940年秋，文华图专开设了档案管理科，毛坤兼任科主任，讲授档案经营法、档案行政学、档案编目法等课程。1943年，毛坤从事教育工作15年后带薪返乡休假一年。在此期间，得到好友乡贤刘心舟、罗中卿等人的协助，毛坤于宜宾白花镇白花寺创办宜东中学，校名取宜宾东部地区之意（宜东中学今更名为白花中学）。学校创立后，毛坤义务担任国文、英文教师，直到休假结束。

抗战胜利后，文华图专奉命从重庆迁返武昌，毛坤因病未能随校返鄂。1947年春，毛坤接受四川大学黄季陆校长聘请，出任文学院教授兼任图书馆馆长。1950年，毛坤被遴选为四川大学校务委员会委员。1952年"三反"运动期间，毛坤作为图书馆的主要负责人受到冲击。1956年，毛坤加入了中国民主同盟。同年9月，毛坤再次被遴选为四川大学校务委员会委员。1958年春，他在反右派运动中被错划为右派，受到降职、降薪等不公正处理。1960年6月1日，毛坤病逝于成都，享年61岁。1979年3月，中国共产党四川大学委员会对"毛坤同志被错划为右派分子"作出改正决定并恢复其政治名誉。

目前，毛坤的传略事迹被收入《四川近现代文化人物续编》（四川人民出版社，1989年）、《中国图书馆馆长名录》（南京大学出版社，1989年）、《中国目录学家辞典》（河南人民出版社，1988年）和《中国图书馆界名人辞典》（沈阳出版社，1991年）等。

二

我国的档案管理历史悠久，源远流长。甲骨文就被一些学者认为是我国保存至今的最初的档案。如果此说成立，则我国有意识、有组织地管理档案已有

三千多年的历史。但是我国历代档案管理多凭个人经验和记忆，或师徒相传，或子承父业，往往墨守成规，极少改进。进入近代以后，随着政治经济的发展和科技文化的进步，通过专业人才来管理档案并发挥档案的作用显得越来越重要。1934年秋，文华图专获国民政府教育部的经费资助，设置档案管理特种教席，在图书科和图书讲习班开设档案管理课程，"档案管理法"遂成为图书馆学专业的辅修课程。档案管理课程分中、英文两部分，其中英文部分由美籍专家费锡恩（Grace D. Phllips）女士讲授，中文部分则由毛坤讲授。档案管理特种教席的设置揭开了我国现代档案学教育的序幕。但是文华图专开设档案管理课程，仍以图书馆学知识的讲授为主，而以档案管理知识的讲授为辅，培养的是具有一定档案管理知识的图书馆学专业人才，而不是专业的档案管理人才。

抗战全面爆发后，1938年，文华图专最初向在川东师范学校大礼堂（今重庆市劳动人民文化宫）内办公的国立中央图书馆筹备处借得房屋一间，作为办公处筹备学校西迁事宜。稍后，文华图专又借得市中区曾家岩求精中学房屋一间作为校舍，与南京金陵大学、汇文女中、教育部电化人员训练班等校为邻继续办学。学术界一般认为《档案行政学》讲义的大部分是在抗战时期的求精中学编撰而成的。

1941年7月7日，在日寇对重庆的空袭中，文华图专校舍被炸，损失惨重。空袭过后，文华图专迅速在重庆市嘉陵江北岸香国寺唐家桥附近购得廖家花园作为新的校址重建校舍。1941年10月下旬，全校师生自市中区向北搬迁过江，未待房屋全部竣工即行入住。直到1947年学校奉命复返武昌，文华图专师生就在廖家花园"进餐于露天之下，讲授于卧房之间"，弦歌不绝，并迎来抗战的最后胜利。

战时的重庆是中华民国的战时首都，由于内迁机关林立，更因抗战的关系，各机关事务陡增，相应档案的数量也大大增加，人们更感到档案管理专业人才匮乏。鉴于客观形势发展的需要，早在1939年秋，文华图专就呈报湖北省政府教育厅批准，将当年秋季招收的图书讲习班第五期讲授的课程改为以档案管理为主，图书管理为辅，并于1940年春季开办档案管理训练班第一期，1940年秋季招收了档案管理训练班第二期，开始培养档案管理专业人才。文华图专又于1940年9月26日呈文教育部，拟请设立档案管理专科，并请准予将档案管理训练班学生改入该科肄业。该呈文于1940年10月获教育部批准。义华图专遂将档案管理训练班第一期改为档案管理专科第一届，档案管理训练班第二期改为档案管理专科第二届。至此，中国现代档案学专业教育在抗战时期的重庆正式确立。

从档案管理特种教席初设至档案管理专科正式建立，文化图专的档案专业课程从单一的"档案管理法"向档案管理的多个分支领域扩展，形成了一个有机的课程体系。其中，"档案经营法"概述机关文件与档案管理的流程和方法，1941年春正式由"档案管理法"更名而来，是档案管理专科最为核心、开设时间最长的课程。而"档案行政学"作为文华图专开设的档案学教育核心课程，又是在"档案经营法"的基础上衍生而来的分支课程，与"档案经营法"连续讲授，"叙述欧美各国档案管理之实况，为解决我国档案行政诸问题之借鉴"，"对于档案馆之建筑、行政与组织、人事支配、人才训练等作一比较研究"。

经过几十年内忧外患等风雨变迁之后，当年文华图专的档案学讲义大都散佚，仅有极少数得以幸存。在这些课程的讲义中，《档案经营法》和《档案行政学》的手稿幸赖毛坤及其家人的精心呵护，在经历了时代的沧桑后保存了下来。这两份手稿即是中国现代档案学起步时期文华先贤众多档案学讲义中的吉光片羽，从中可管窥中国现代档案学教育起步阶段历史之一斑。其中，《档案经营法》已经由武汉大学出版社整理出版。这里整理出版的是《档案行政学》。

三

文华图专当时开办档案管理专科在我国实属创举，因此应该设置些什么课程并无先例可循。毛坤参照欧美各国培训档案管理人才所讲授的课程，结合我国档案管理的实际情况与需要，创造性地设计了档案管理专科讲授的课程20余种，其中"档案行政学"为核心课程之一，讲授一年。毛坤为什么要设置"档

案行政学"课程呢？毕业于文华图专档案管理专科并亲承謦欬聆听过毛坤讲"档案行政学"的梁建洲认为，这主要有两方面的考虑。

一方面是基于当时我国各机关档案管理的实际需要。当时我国各机关的档案日益增多，档案管理人员随之不断增加，档案管理机构持续扩张，因而产生了大量的档案行政问题亟需加以研究并解决。1936年，毛坤在《档案处理中之重要问题》一文中指出，"各机关的档案也是将来全国、全省、全县档案管理处档案的一部分，所以管理得法，不但自己可以增加行政上效能，将来送归公管也较便利。"而要科学地管理档案并发挥档案的作用，就需要专业的档案管理知识，因此"档案行政学"课程应运而生。

另一方面是筹建国家档案管理机构的需要。1934年，国民政府有重设国史馆之议，行政院曾建议：（一）已可公开之档案，委托学术机关整理，并搜集史料；（二）未到公开时期而不专属任何机关或现某机关而堆集不用之档案，设国立档案库直隶于行政院分类庋藏。1934年5月，行政院又议决办法4项，奉令准通饬照办，其第3项为："中央及地方政府及其附属机关并公共团体所有档案卷宗，均应每年登记一次呈报上级机关转送国立档案库存查。"国家档案管理机构比一般机关的档案管理机构要大，行政工作更为重要、复杂。所以，文华图专借鉴外国档案管理学校设有档案行政课程及武昌文华大学图书科设有图书馆行政课程的成例，在档案管理专科设置了"档案行政学"课程。

当时，我国的档案管理主要是凭档案管理人员个人的知识和经验，管理方法因人而异、各有不同。一个机关往往因档案管理人员的更换，档案管理办法就随之改变，致使档案管理紊乱，缺乏应有的科学性、系统性和连续性。因此，毛坤借鉴美国国家档案馆规程、英国官档局规程，并参考故宫博物院文献馆、中央研究院历史语言研究所、清华大学及北京大学保管清代档案的具体办法，国史馆筹备委员会工作经验，北平档案管理处章程及各机关档案管理办法等，拟成《国家档案馆规程》作为"档案行政学"课程教学的主要内容。

"档案行政学"一课由毛坤讲授。他在《档案行政学》讲义引言中说："为免除空言而较合实际起见，对于档案行政一课，特草拟《国家档案馆规程》一种，将可能想到之档案行政中之各项问题尽量纳入，使行政理论有所附丽。"《国家档案馆规程》是根据国家档案馆的性质，以规程的形式规定国家档案馆的工作范围和开展工作的具体办法。该规程包括创建规程、组织规程、工作规程、人事规程、征录规程、分类编目规程、藏护规程、应用规程、编印规程、销毁规程共10章。

不仅如此，毛坤在讲授《国家档案馆规程》的同时，还利用学生参与"档案行政学"课程实习的机会，安排学生模仿《国家档案馆规程》草拟县档案馆规程及机关档案管理机构规程，以使学生比较全面地了解各类档案管理机构行政工作的内容。鉴于学生草拟的机关档案管理机构规程不够完善，毛坤特别于1943年草拟了《机关档案室规程》以供学生参考和借鉴。规程的草拟使学生能够更加深入地了解机关档案行政工作的内容，有利于学生毕业踏上工作岗位之后熟练地开展工作。倘若其所在的机关还没有制订规程，则可驾轻就熟地制订规程；若已制订有规程但还不够完善，则可进一步加以修订，使之更趋完善，机关档案管理工作也因之得以改进。

毛坤在编写《档案行政学》讲义时，还摘译了《欧美各国档案之大概情形》《法国大革命后之档案管理》《英国档案局之用档规程》《美国档案管理员之训练》《欧洲训练档案管理者之经验》和《国家档案分类中之三个步骤》等内容，作为"档案行政学"课程的辅助教材，使学生在学习课程的过程中能够增加知识，开阔视野。

四

《档案行政学》手稿原件已由毛坤家人捐赠给其生前长期工作并担任图书馆馆长的四川大学校史馆。该手稿共计332页，宽为18.5厘米，高为26.3厘米。手稿为毛坤生前亲自装订成册。手稿中有几处钤有"文华图书馆学专科学校教务处"印章，有的地方还注明了撰写时间。部分手稿为横排书写，部分手稿为竖排书写，而且字体不一，这表明手稿经过多人誊抄，有的部分还略显凌乱且不完整。但手稿大部分内容为毛坤书写，且有多次修改完善的痕迹。

《档案行政学》手稿的用纸大部分为粗制机制纸（以木浆和竹料为主要原

料），少量为手工纸（以竹料为主要原料），品质参差不齐，符合民国时期用纸的一般特征，体现了当时手工业和机械工业的发展水平，也体现了当时学者工作环境和物质条件的艰苦与不易。其中，手工纸的加工工艺属于中等，少量纸张上未打散的竹丝和草丝较为明显，大部分未经过漂白处理，呈现出竹纸的本色，纸面平滑度和粗糙度为中等。所用的大部分机制纸为民国时期的土法机制纸，品质属于中等，纸面较为粗糙，部分白度较好，少量酸化严重，呈现浅褐色。手稿中夹杂有个别品质较好的纸张，其中部分纸张似为平滑度和施胶度较好的进口道林纸。手稿中所附私立武昌文华图书馆学专科学校便笺似为品质较好的手工皮纸。

《档案行政学》手稿的大部分文字是用毛笔墨汁书写的，字迹清晰，信息完整。少数页面有圆珠笔修改、点校后留下的痕迹。因圆珠笔所用笔油有渗透晕染性，少量字迹已经出现晕染并导致字迹模糊不清。部分页面有铅笔和红蓝铅笔标注的数字和图案等，也有少数几页手稿用铅笔画出栏线格子，有的字迹较清晰，有的已经磨损并出现字迹模糊的现象。用钢笔书写的字迹所用墨水分别有蓝黑墨水、红墨水和鞣酸铁墨水，蓝黑墨水字迹较为稳定，而鞣酸铁墨水字迹则颜色变深。手稿所用纸张绝大部分为素纸，未经任何加工。只有少量页面有事先画出的栏线格子，颜色呈粉红，所用颜料为水溶性染料，易溶于水。

有意思的是手稿最后附有一页清代辕门抄，当是毛坤在文华时期的同事易中篆所赠。该辕门抄上有三枚印章，右上一枚为"喜报"，右下一枚为"均室校读"，左边一枚为"橹园清课"。辕门抄左边有易中篆题赠的笔迹"右清四川省辕钞 奉 体六先生存古 丁丑花朝 易中篆"。"体六"是毛坤的号。所赠时间应为1937年（丁丑年）农历二月，两人此时应该都在私立武昌文华图书馆学专科学校任教，抗战爆发后，两人都由鄂入川。"花朝"是传统农历二月的别称，此月有花朝节，也叫花神节，俗称百花生日，流行于东北、华北、华东、中南等地，一般于农历二月初二、二月十二或二月十五日举行。

辕门抄是清代总督或巡抚官署中发抄分寄所属各府、州、县的文书和政治情报。所载内容均抄自督抚衙门，因督抚衙门又称辕门，故名辕门抄。最初为人工抄写，后来由报房刻成木版或者用活字印刷发行。这份辕门抄记录的内容是关于一帮官员祭祀关公的事情，出席官员众多、阵容庞大。尤有意思的是，这份辕门抄是用木活字排版印刷的，所用纸张为质量较优的皮纸，非常难得。

另外，《机关文书处理规程》严格来讲并非《档案行政学》讲义的组成部分。整理者考虑到其内容与《档案行政学》密切相关，且毛坤留存下来的手稿极为有限，《机关文书处理规程》也未曾公开发表，故作为《档案行政学》讲义的附件一并整理出版。《机关文书处理规程》手稿用纸单一，为民国时期的木浆机制纸，原为国民政府交通部划拨款项明细表，手稿在其背面空白处用钢笔书写，所用墨水为西方早期常用的鞣酸铁墨水，颜色呈深褐色，对纸张有较强的腐蚀性。经过几十年的岁月，墨水对手稿纸张已经产生了一定程度的腐蚀作用，字迹浓密处的纸张会随着时间的推移而被腐蚀成空洞。所以，将《机关文书处理规程》手稿及时整理并附随《档案行政学》公开出版，带有对手稿内容进行抢救的意思。

五

《档案行政学》手稿原作为课堂讲义来编写，而非作为学术著作出版而撰写，其编写以服务课堂教学为目的，而非以学术著作的形式出版为追求。该讲义编写于抗日战争时期那个特殊的历史阶段，毛坤所处的环境十分恶劣，常常是利用跑警报的间隙断续写作，所能得到的参考资料非常有限。因此，讲义的系统性和完整性都有不少可以进一步完善的地方。有的章节参考资料较多，编写也就显得比较系统完整。有的章节参考资料有限，编写也就显得简略。有的章节甚至只列出提纲，没有具体内容，表明毛坤可能冀望将来条件允许时加以充实和完善，但自1947年1月毛坤离开文华图专应聘到四川大学文学院担任教授并兼任四川大学图书馆馆长之后，他未有机会再继续讲授"档案行政学"课程并完善讲义。不过，这些只列出提纲并无具体内容的部分仍有其特殊意义，本次整理出版时仍予保留。

《档案行政学》是作为《巴渝文库》之一种来进行整理出版的，除严格遵循《巴渝文库》的整理原则外，整理者在整理过程中也充分考虑到了《档案行

政学》讲义手稿作为我国现代档案学教育起步阶段重要文献的一些特殊情况，力求以最大限度地保持原来手稿的体系结构和面貌，又不至影响读者的阅读理解为重要原则。整理者希望通过以这种方式来整理出版，能够比较准确而清晰地再现毛坤撰写《档案行政学》讲义时的学术思想。

在整理手稿的过程中，整理者严格按照原文一一誊录，并核改为简体文字。原手稿中残缺、脱落、污损、无法辨认的字用"□"代替。手稿中明显的笔误、漏写的字词及整理者核改的字词用"（）"标出（毛坤在手稿中也有用括号标注增补、说明性文字及外文文字，正文中较易辨别，故本次未作符号上的区分处理）。手稿中多用"部份"一词，本书均改为"部分"，正文中不再一一标注。手稿中如"枚"等字，分别按前后文还原为"档案"或"档案馆"。"圕"为我国著名图书馆学家杜定友先生所发明并倡导，民国时期图书馆学界广为使用，本次整理时予以保留。原手稿中层级序号格式较为混杂，同一层级序号格式"甲、乙、丙""（一）、（二）、（三）""1、2、3""（1）、（2）、（3）""①、②、③""（a）、（b）、（c）"均有使用，本次整理时适当予以统一处理，正文中未再一一标注。为便于理解，原手稿中没有标点的部分或标点不明确的地方，本书均特别加注标点以便读者阅读。《档案行政学》讲义在课程讲授过程中，毛坤不断对其进行修改和完善，手稿的体系结构一再调整，资料不断追加。毛坤到四川大学任职后，虽然不再有机会讲授该课程，但仍一再对手稿进行补充和完善，并留下了明显的痕迹，如用"中央人民政府"代替"国民政府"，用"国家档案馆"代替"国立档案馆"等。整理者在整理过程中尽量采用未经修改过的原来文字，以便能够更加清晰地展现毛坤在抗战时期撰写和完善《档案行政学》讲义的原貌。毛坤以眉批、旁注等方式留下的文字，则以"［］"括注的形式纳入正文。

整本讲义是以《国家档案馆规程》为中心编写而成的，前面辅以《档案行政引言》，在《国家档案馆规程》各章后面附有摘译自美、英、法各主要国家的相应参考资料。本次整理时，整理者将《档案行政引言》作为《档案行政学》的第一部分，《国家档案馆规程》作为第二部分。讲义中保留下来了部分图书馆管理方面的内容，表明我国现代档案学教育起步时有明显的脱胎于图书馆学教育的历史印记。讲义手稿中还有大量的图表，是《档案行政学》讲义的重要内容。本次整理时，整理者将这两部分内容与《战争档案》及《机关档案室规程》等合并后归类，取名为"国家档案馆管理方法"，作为第三部分。

《机关文书处理规程》为毛坤于1942年秋参考各机关办法草拟以供文华图专档案管理专科学生参考之用，1945年春他借与学生抄写时，险些遗失。后又经毛坤校正，但也未曾以任何方式公开发表。整理者认为其内容与《档案行政学》内容密切相关，故此次整理《档案行政学》手稿时将其作为本书第四部分一起整理并公开出版，供学界研究参考。

另外，《档案行政学》讲义手稿封面有毛坤手书"毛坤自己之书及所编讲义"，并贴有字条。字条上写有"档案行政学内附机关档案室规程稿本有武昌印本"字样。我们所整理的《档案行政学》讲义手稿及其所附《机关档案室规程》手稿均由毛坤于抗战时期的重庆编写完成，这可以从讲义手稿中留下的时间得到证实，殆无疑义。可是，虽然我们已经知道文华图专在武昌办学时的1935年就开设有"档案行政学"课程，但该字条所留"档案行政学内附机关档案室规程稿本有武昌印本"字样究竟是指《档案行政学》讲义有武昌印本，还是指讲义内所附之《机关档案室规程》稿本有武昌印本，或者是指两者都有武昌印本，则有待新材料的发现或学界之深入研究了。

毛坤学养深厚，行文典雅，学术造诣极高。要从语言文字和学术思想的双重高度去完全准确地把握《档案行政学》，整理小组同仁深感力不从心。更兼毛坤另一经典文献《档案经营法》的整理出版珠玉在前，我们在《档案行政学》手稿的整理过程中倍感压力。不过，能够通过我们的努力使得《档案行政学》手稿化身千百，服务学术研究，我们又深感荣幸。至于本次整理过程中因我们的学养不济和工作疏忽而产生的舛误，尚希学界同仁多予匡正，谨致谢忱！

《档案行政学》手稿整理小组

李彭元　杨　勇　张　杨

赵　岩　刘　静　王　岩

参考文献

［1］梁建洲.毛坤对档案教育和档案学发展的贡献［J］.档案学通讯，1995
（6）：55-57.

［2］梁建洲.中国档案管理专业教育的开拓者——记文华图书馆学专科学校
（上）［J］.档案与史学，1998（3）：73-80.

［3］梁建洲.中国档案管理专业教育的开拓者——记文华图书馆学专科学校
（下）［J］.档案与史学，1998（4）：71-78.

［4］谭红.物换星移文章在　流芳百世道德新——毛坤先生小传（1899—1960）
［J］.图书情报知识，2010（1）：113-123.

［5］梁建洲.毛坤先生编写《档案行政学》讲义的背景［Z］.未刊稿.

［6］党跃武，姚乐野.毛坤先生纪念文集［M］.成都：四川大学出版社，2010.

目录①

CONTENTS

---

① 此目录系编者基于整理后的《档案行政学》和《机关文书处理规程》梳理编成，章节层次主要遵从毛坤原稿，部分章节名称为规范起见有所调整。此目录中隐去章节名称中原毛坤所做之修改及编者之调整，对应修改文字请参见正文。——编者注

图表目录^①

CHART DIRECTORY

---

① 手稿原文之图表或无图表名称，或注有英文，无统一之体例。编者按其原有信息补齐图表名称，并依次添加图表序号。此处仅列中文图表名称，完整信息请参见正文。——编者注

第一部分　档案行政引言

一、引言

（一）档案行政释义

1.档案

档案者，国家行政机构，于其政事或实务进行中，传达彼此内外上下意见之文物，因而保存之，整理之，或印行之，以供现在及日后政事上或法律上之证按与参考，或历史上之考据与简择者也。（据余所编《档案经营法》讲义。）

2.行政

行政者乃具有行政权力者，为完成其目的，推行其职务，而研究用如何之有力机构与有效方法，对公家之人、财、事、物，作最适切之支配与运用，期以最经济有效之手段，获得最圆满之解决与效果，同时并顾及时间及空间之关系及需要者也。（据张金鉴《行政管理学》定义，略改数字。）

（二）一般所谓行政之内容

（本节参考张金鉴《行政管理学》及甘乃光《中国行政新编》。）

1.行政组织之分类

（1）理论之分类。

①集权制与分权制，②统合制与分立制，③独任制与委员制，④民主集权制，⑤官治组织与自治组织。

（2）中国行政组织现实之分类。

①基本组织：a中央行政组织；五院，国府（中委会），中央党部下之各部会。b省政府；c市政府；d县政府。

②特种组织：a边疆组织；b特别区域组织；c土司役治局；d边区组织。

③临时组织：a行政督察专员制；b实验县；c临时委员会；d各种行政会议；e各种审查会议。

2.行政组织所依据之原则

（1）以社会背景决定组织。

（2）以行政任务决定组织。

①单纯之行政组织，②业务组织，③营业组织，④研究组织。

（3）以国防目的决定组织。

（4）以行政效率决定组织。

3.行政机关之内部组织

（1）事务组织。

①人事组织，②文书组织，③资料组织，图书档案资料。④财务组织，⑤庶务组织。

（2）政务组织。如内政部之民政、土地、警政、礼俗均是，总务司、统计司除外。

（3）幕僚或云补（辅）助组织。秘书、参事、顾问、咨议。

（4）咨询机关。

4.行政组织之运用

（1）委任立法之适当运用。

（2）组织设立步骤之考虑。发动、筹备、成立。

（3）组织之修正。

（4）组织内部各种行政要素之协调。人员、财务、物料、资料、施政程序。

（5）与其直属机关及附属机关之协调。

（6）与其他政治组织发生协调之关系。

（三）档案行政之内容

为免除空言而较合实际起见，对于档案行政一课，特草拟《国家档案馆规程》一种，将可能想到之档案行政中之各项问题尽量纳入，使行政理论有所附丽。《国家档案馆规程》暂分以下十章。

第一章　国家档案馆创建规程

第二章　国家档案馆组织规程

第三章　国家档案馆工作规程

第四章　国家档案馆人事规程

第五章　国家档案馆档案之征录规程

第六章　国家档案馆档案之编目（分类索引在内）规程

第七章　国家档案馆档案之藏护规程

第八章　国家档案馆档案之应用规程

第九章　国家档案馆档案之编校印规程

第十章　国家档案馆档案之销毁规程

（四）学生对于档案行政一课之实习

学生可模仿《国立（家）档案馆规程》任意草拟以下各题之一种。

1.省立档案馆规程

2.县立档案馆规程

3.某机关档案室规程

二、行政管理与档案管理

（摘自张金鉴《行政管理学》。）

P.1　W. F. Willoughby：行政者，政府中行政机关所管辖之事务也。

《辞源》：凡国家立法、司法以外之政务总称为行政。

张氏：（1）政府之行政进程，为一不可分割之单位。

（2）行政工作须顾全体之利益及工作之协调。

（3）行政乃政府中各种活动之组合者或联系者，成为彼此相关之有机体。

（4）行政为公务之动态运作。

（5）行政是实际工作之处理。

（6）行政为艺术之应用，所谓运用之妙存乎一心，所谓机巧是也。

（7）行政作用是既定政策之执行。（与立法比，在决定国家大计。）

（8）行政作用在图谋社会幸福。（与司法比，保障个人利益。）

（9）行政作用具有积极意义。（与监察比，消极作用。）

（10）行政是政府中人、财、物、事之有效管理。

P.15　行政管理之新趋向。

（1）由消极到积极；

（2）由被动到主动；

（3）由浪费到讲效率；

（4）由因袭到创造；

（5）由分权到集权；

（6）由分离到完整；

（7）由节流到备用；

（8）由消费到生产；

（9）由分赃到功绩：所谓功绩①本人材主义，②本同工同酬，③本论功行赏，④受法律保障；

（10）由常人到专家；

（11）由管人到管事。

［庶务之职务　助理事务主任，计划电话、器具等，住宅管理，全机关之物器之管用（各室家具登记簿、各类家具登记簿），勤务工人之训练（勤务分配表、每周勤务考绩表），接待新职员，接待客人（参观来宾留名簿），花草树木之培植］①

［治安、消防、防护］

P.36　行政学之目的在研究如何使政府之人、财、物得到最高之利用。

P.39　行政研究之问题为：

（1）行政历史以明因果。

---

① 原讲义手稿中有一些眉批、旁注等文字，本次整理时均以括注的形式纳入正文，后文不再一一注明。——编者注

（2）行政实施以明近况。

（3）行政问题以决疑难。

（4）行政方略以宏治法。

P.52　行政组织即国家或政府推动或执行行政作用或事务之机关，亦即在行政工作进行中职权分配所形成之管属体系也。若作动词解则为规划政府中行政机关之系统或部分之责任与职权时之配备或结构。

P.54　行政领袖乃一机关中能使人尽其才、事得其理之领导与支配者。普通领袖则为：

（1）具有最大多数良好性质或最高智力之人。

（2）能改变或影响他人之思想或行动之人。

（3）能明了其所处团体或社会中群众之需要并能设法满足之之人也。

（4）具有力量或德智能使人服从或信仰之人也。

P.60　行政总枢（总务处、秘书处）。

（1）为辅助而非权力机关；

（2）为事务而非实作机关；

（3）为调剂而非管辖机关；

（4）为参赞而非决定机关。

其德行应为默、顺、隐，其工作应为：

（1）文书；

（2）编审；

（3）统计；

（4）人事；

（5）财政；

（6）联络；

（7）购置；

（8）研究（与领袖之关系）。

P.64　总枢主任。

（1）应为亲信之人；

（2）在师友之间；

（3）为际遇之会；

（4）辅弼之资。

其自身应备之条件为：

（1）细密准确；

（2）完备周到；

（3）任重耐烦；

（4）机警灵变；

（5）系统条理。

P.68 运作机关（运行机关，或称实作机关）。

（1）须机能一致，即管同性之事，不管异性之事；

（2）运作单位不可过多，（6～15）直接指挥之人员（1∶3 or 1∶2.5）；

（3）须协同一致，异事同功；

（4）内部结构之负责人须具通家与专家之共性；

（5）各部工作人员之分配，有工作对象分配法及工作程序分配法；

（6）各部事权之推行在综核名实，即须a确定责任，b妥分职务，c严明赏罚。

［参观来宾留名簿　No.　D.　Name of Writers　Nationality］

P.75 行政机构之形式。

（1）合议制（委员制）与独任制（首长制）。

（2）部会混合制。

①董事会或总经理；委员会或秘书长。

②设计会或顾问团与首长。

③部分平行如美国之大总统与国会。

（3）系统制（如军制）与参赞制。

（4）分离制与完整制，前者为县府之外设局，后者如合署办公。

P.80 人事管理。

O. Tead and H. C. Match谓：人事管理者在谋一机关中之工作员之精诚合

作，使彼此之摩擦降至最低限度，同时顾及其全体人员之幸福（见 *Personnel Administration*）。

A. C. Clothen谓：人事管理之目的在求人事效率，即将人之脑力、康健、指导、志向、品格、忠实、热诚、合作诸因素加以适当之比例比配也。（见*Personnel Management*，preface）。

I. C. White谓：所谓人事行政决非仅指人员之雇佣与解除之机械工作而已，最要者尚在分析人类之心理动机与趋向，并采取精巧之方法与手段，使每个人之内部精能皆得完全之发挥也。

张金鉴氏谓："人事管理或行政在选拔优良之工作员，并使此工作员与其所任之工作，获得最适切配合时，所需之各种理论、方法、知识及实施。其目的在使人尽其才，即人的内在潜能之最高利用与发挥，及事尽其功，即以最经济之手段获得最大之效果。"

分析之有三义：

（1）人才主义。

（2）调适主义。

　　①人与事之调适；

　　②人与人之调适；

　　③人与物之调适。

（3）效率主义。

P.81　人事管理所应检讨之范围。

（1）人事机构；

（2）职员选用；

（3）职位分级；

（4）平理薪给；

（5）勤惰考查；

（6）功绩考查；

（7）执行纪律；

（8）训练才能；

（9）休恤规定。

P.82　工作人员选用之原则。

（1）选贤与能；

（2）因材施用；

（3）广收慎用；

（4）必信必专。

P.83　工作人员选用之方法。

（1）调查。

（2）观察。

　　①听其语言。

　　②察其行动。

　　a李克答魏文侯："居视其所亲，富视其所予（与），达视其所举，穷视其所不为，贫视其所不取。"

　　b诸葛亮谓："问之以是非而观其志，穷之以词（辩）而观其变（言），咨之以（计）谋而观其识，告知（之）以（祸）难而观其勇，醉之以酒而观其性，临之以利而观其廉，期之以事而观其信。"

（3）审查。

　　①第一证明个人者：姓名、年龄、籍贯、性别、通信处、相片等。

　　②任用法规上所要求之条件：是否本国人？犯过罪否？何种资格？

　　③职务上所需要之各种条件：身体是否健全？有无嗜好？学历如何？经验如何？

　　④供任用上作参考者：是否结婚？家庭担负如何？住址离机关多远？

（4）考试。

　　①须正确。

　　②须可靠。

　　③须有广博性。

　　④须有客观性。

　　⑤考试可分论文与测验式。论文考试往往缺乏客观性，命题范围太

狭，计分时易受不相干因素之影响。测验式较好，以形式分有正误测验、选答测验、对偶测验、综合测验等；以内容分，有智力测验、心理测验及教育测验等。

P.88　职位级类之划分。

（1）将政府官吏就其工作性质、内容及责任为准确之定义，顺序之排列，公平之估价，表明彼此关系以为待遇及分工之基础。

（2）职位分析在明了who, what, when, where, how, why, and for whom。

（3）分级作为：①析事；②分级；③预算。

P.91　工作人员之薪给。

（1）以维持工作效率为标准；

（2）要顾及其社会地位；

（3）要与他业相准衡；

（4）要有一定之标准；

（5）要普遍一致；

（6）要具有弹性。

P.93　特别津贴。

（1）生活程度不同；

（2）气候不同；

（3）工作有危险性；

（4）家庭负担太大；

（5）过时工作；

（6）非金钱之待遇，如宿舍、医药等。

［工作人员之福利　点菜（自办或托人）、卫生（消费社、理发店、洗衣铺）、公共食堂、银行、邮局、俱乐部、运动场、住宅、演讲厅、防空洞、饮水。］

P.94　工作人员之考勤。

（1）值公：①签到簿；②报名或点名；③签到钟；④到今牌。

（2）给假：①例假；②事假；③病假。

（3）工作记录：①工作报告表；②厉行办公规则；③工作分配表；④工作进度表；⑤工作程类分配；⑥工作竞赛表；⑦工作记录片。

P.98　工作人员之训练。

（1）个别谈话。

（2）操作中之训练：①熟练之旧职员施训；②监督员之施训；③特别教员之施训；④助手式学习之训练；⑤学徒式学习之训练。

（3）学校式之训练：①公余读书会；②公余讲席会；③设所训练法。

（4）宣释式之训练：①当众报告或讲演；②出版品之宣传；③布告处之训示。

（5）间接式之训练：①职员俱乐部；②图书馆；③展览会；④聚餐会；⑤参观；⑥郊游。

P.101　办公厅之管理。

（1）意义：①政府官员为完成其任务时之工作地点；②政府官员与人民接洽公务之地点；③政府文书之收办发集之所。

（2）种类：①集中式；②分散式；③混合式。

（3）环境：①幽静；②适中；③交通便利；④美观；⑤实用；⑥坚固；⑦新鲜空气（每人每分钟需45立方呎①之新鲜空气，所谓新鲜空气即养② 20.2/100，淡③ 78/100，炭④ 0.4/100，水1.5/100）；⑧温度（华氏68度）；⑨光线（5～10只烛光）（自然光优于人为光，间接光优于直接光，匀散光优于集聚光）。

（4）布置：①要时空经济；②要有整个计划；③要集中；④不可分格太多。

P.104　办公物品。

（1）要标准化。

（2）要确实需要。

（3）要经济简单实用。

---

① 英美制长度单位旧称，即英尺。1英尺=12英寸≈0.3048米。——编者注

② 疑为"氧"字之误。——编者注

③ 疑为"氮"字之误。——编者注

④ 疑为"碳"字之误。——编者注

（4）要与办公处调和适应。

（5）要尽量新式科学设备。

（6）桌椅不必要有装饰者，不必连抽斗者，普通可用长50吋^①、宽30吋者，可用有靠之椅子。

（7）可用玻璃桌垫，可用铁丝网筐，可用公文夹，可用活页月份牌，可用好笔墨砚、回形针、圆顶斜巴钉等。

（8）可预备稿纸、簿册、卷宗、信封、便条、信笺。

（9）机器：打字机、留声转录机（Dictating Machine）、速写机（Stenotype）、圆形复印机（Rotary Duplicator）、平形复印机（Flat Duplicator）、印刷机、照相机、算盘、加数机、簿记机、统计机、装订机、切纸机、电话机、编号机、削笔机、保险柜、钟等。

P.106　文书处理程序。

（1）收发员摘由登记；

（2）送总枢机关；

（3）批交各主管部分；

（4）主管部分今之收发人员登记摘由；

（5）送各主管部分长官；

（6）各主管部分长官分交各承办人员；

（7）各承办人员拟办；

（8）主管长官核可，由部别收发员送总枢机关；

（9）经核可后发还主管部别；

（10）承办人拟稿；

（11）主管长官核稿；

（12）总主任或负责长官判行；

（13）交录事室缮写；

（14）送监印室用印并校对；

---

① 英美制长度单位旧称，即英寸。1英寸≈2.54厘米。——编者注

（15）收发员登记发出；

（16）稿件归档。

P.108　工作报告。

（1）效用：①分析推行之问题与情势；②叙述政府之组织与活动；③指明未来之工作计划；④供自身之检点；⑤为人民判断之根据。

（2）种类：①工作月报；②工作季报；③工作年报。或：①一般工作报告；②特殊工作报告。

（3）编辑法：①问题报告法；②成绩报告法；③现势报告法；④计划报告法。

（4）编辑处置材料：①数字处置法；②分类处置法；③结晶处理法；④概括处置法；⑤解释处置法。

（5）报告之内容：①各部分之负责人员；②政府之组织；③人民可利（用）政府各种设备；④政府活动与人民之关系；⑤工作结果；⑥其他足资比较之材料。

P.115　行政参考资料。

（1）一般资料：世界地图，本国地图，本省地图，本县地图，机关所在地之地形图，交通地图，管辖区域人口物产等图。各种简表，度量衡计算及折算表，货币单位及折算表，邮寄重量及邮费表，邮局银行电报局时间表，汽车火车轮船交通时间表，各机关一览表，其他字典、《辞源》、英文字典等。

（2）管理上之应用图表：机关组织系统表，各部职员一览表，各部职员人数分配表，各部位置分布图，各部职权分配及关系图，经费收支程序表，物材购置及使用程序表，文书处理程序表，机关办事程序表，各部办事程序表，各种工作分析及比较表，各种工作考核及进度表。

（3）服务上之参考手册：载机关之组织概况、历史沿革、办事细则、工作程序及其所需要之技术与工具。

（4）行政法规汇编。

P.117 物材管理。

（1）物材指：①房屋、土地、树本（木）等不动产，②家具、机器、工具等设备，③纸张、煤炭等消耗品而言。

（2）管理指购置、保护、贮藏、使用。

（3）购置原则：①集中购置，②公开招标，③物美价美，④购置之限制（a招标方法之限制，b对购置人员之限制，c对承标商人之限制，d对支付款项之限制）。

（4）购置之程序：①所购置品之决定，②市场行情之审定，③获得竞买之全（权）利，④货物品质之决定（一为文字说明法，二为货样标准法），⑤招标问题之解决，⑥购置合同之拟订，⑦承标商号之招徕，⑧购置合同之履行，⑨收货时之检验（a辨别优劣，b会计算），⑩付款及单据处置。

（5）常用之单据：①用物概算书，②请求购置单，③所定市价单，④正式购置单，⑤购置单附本，⑥运货通知单，⑦送货起运单，⑧账单，⑨货物检验证明书，⑩付款通知书，⑪货物。

（6）贮藏原则：①集中，②分类，③设备。

（7）仓库布置：①单位（unit），②排位（tier），③行列（row），④段（section），⑤组（series），⑥区（field）。

（8）物材标记，用字或符号。

（9）物件安排：①件（article），②组（unit），③宗（lot），④排（column），⑤项（theme），⑥架（stock），⑦方（block），⑧层（tire）。

（10）物材之监护：①保护（a去尘垢，b防潮湿，c防火灾，d防盗窃，e防损坏），②监管（a分类编号，b立册登记），③随时检对。

（11）物材之使用：①原则（不得浪费而可发挥最大效用），②程序（物材预算单，请求购置单，领物凭单）。

（12）各部之联系：①用物机关，②总枢机关，③供应机关，④购置机关，⑤会计机关。

表 1-1 财产登记簿 ①

机关名称

物品名称	类别	单位	购置或拨入									变卖或毁坏						余　额	
			日期	单据	原因	出售者	所在地	编号	数量	金额	领单号数	日期	收据	受主	事由	数量	金额	数量	金额

表 1-2 物品登记簿

机关名称

物品名称	类别	单位	购置				领用					余　额	
			月日	单据	单位价值	金额	月日	领单号数	单位价值	金额	数量	单位价值	金额

---

① 讲义手稿原表仅有名称，无序号。表格序号为编者所加。以下不再一一注明。——编者注

表 1-3 物品预算

物品预算已发表

机关名称

物品名称	单位	预算上应领数	已实发数	超出或有余	备考

表 1-4 请求购置单

请求购置单

机关名称

物品名称	数量		估价		实价		用途
	单位	数目	单位价值	金额	单位价值	金额	

请求购置人＿＿＿＿＿ 审核者＿＿＿＿＿

批准者＿＿＿＿＿ 年 月 日

表 1-5 领物凭单

领物凭单

机关名称

物品号码	名称	请领数量	实发数量	用途

年 月 日

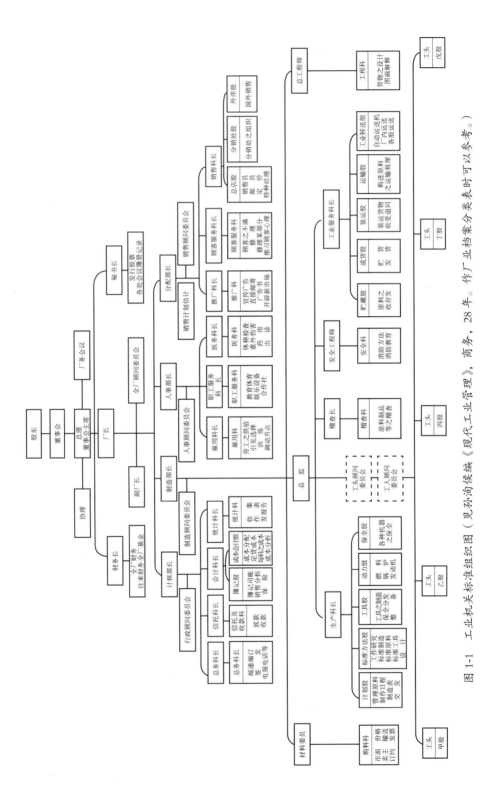

图 1-1 工业机关标准组织图（见孙洵侯编《现代工业管理》，商务，28 年。作厂业档案分类表时可以参考。）

三、人事管理与人事档案

（摘自林和成《科学管理》，商务，二册。）

第4面　科学管理方法内容：①组织；②标准化；③工作研究；④选择与训练；⑤成本会计。

第10面　①行政（Administration）是决定一切大计；②管理（Management）是执行已定的行政政策与方针；③组织（Organization）是结合各人及各部门之工作使其有关系与效率。

第25面　才能的种类：①行政的才能；②管理的才能；③执行的才能；④监督的才能；⑤检查的才能；⑥整理的才能；⑦顾问的才能；⑧机械的才能；⑨抄写的才能；⑩技术的才能。

第52面　效率是：①以较少之人力、财力或时间得到同样之成绩；②以较少之人力、财力或时间得到更好之成绩；③增加人力、财力或时间到适当之数量以完成某种行政目的。

第55面　管理原则：①做何事；②未做前之指示；③做事之工具；④工作之人手；⑤考查与指导；⑥所花之本钱；⑦研究改良。

第93面　科学管理要：①大量生产；②大量应用；③消除耗费；④改良出品。

第93面　达到科学管理的方法要：

对人：①事适于人，人尽其才；②减少疲劳，增加生产；③工作有一定之标；④工作者有上进深造机会。

对物：①设备周全；②各部工作连续而平衡；③材料适宜供应；④工作标准化、简单化；⑤出品便放与运输。

对组织：①有力的纵的组织；②有效的横的组织；③协和的纵横的混合组织；④公正的委员会的组织。

第115面　组织之要素：①工作；②目的；③才能；④关系；⑤方法。

第130面　工作地址之选择：①接近原料；②接近用者；③原动力方便；④人员易来；⑤好气候；⑥经济能周转；⑦有优越之历史环境。

第157面　材料管理应分：①采办、②储藏、③记录、④输用四部。

第225面　标准符号之应用。

四、现行人事管理概略

（摘自《训练月刊》，3：3，作者李培基。）

人事行政之内容。

（一）关于任用部分

1.遴选

2.资格（政务官不限）

（二）关于考绩部分

1.操行

2.学识

3.工作

又　1.平时的考绩

2.年终的考绩

又　1.意断考绩法

2.比较考绩法

3.卡片考绩法

4.因素意断考绩法

5.因素分级考绩法

6.图标测度考绩法

7.蒲洛普斯考绩法（先求因素，再以机器计算成绩）

8.欧特伟氏考绩法（用积极、消极两种表考绩）

五、人事行政之意义及其内容

（摘自倪文亚《训练月刊》，3∶3。）

[七分精力应付人事，三分精力来作事业。]

[人存政举，人亡政息。]

（一）人事行政之起源

在欧美是由工商业界人事管（理）演进而来。即如何使用最低之生产成本，而获得最大之生产出品。在德国有所谓"合理化运动"。在美国有泰莱[①]氏之《科学管理》。

（二）定义

人事行政和人事管理，都是讲求"用人"的道理。泰莱《科学管理》中谓："人事管（理）系研究人力的使用，如何达到最高效率的科学"，亦即"如何利用科学方法，管理人事行政，以节省时间和经济而提高工作效率。"

（三）目的

1.使各种不同的人才与职务相配合，因材施用而达到人尽其才、才尽其用之目的。

2.使同事间权责明确，分工合作。

3.使最有能力的人，管理一切公务。

（四）两个基本问题

1.组织问题

（1）要有最明确之直的系统。

（2）要有密切之横的连（联）系。

2.职位分类

现今武职分类较文职详明。陆、海、空三大类，每类又分三等九级，每级中又有兵种之分，如陆军中之步、骑、炮、工、辎、通信等是。此外又有军佐、军属之分。文职近年之各种考试只有普通、教育、司法、财务等部门而已。

---

① 今译"泰勒"。——编者注

（五）人事行政之内容

1.考选

2.任用

3.叙薪

4.叙级

5.训练

6.升迁

7.调动

8.考绩

9.奖惩

10.退休

11.抚恤

第二部分　国家档案馆规程

第一章　国家档案馆创建规程

［中央档案局　国家档案局　中央档案馆］

（一）国家档案馆创建规程一览[①]

第一条　本馆用科学方法为国家集中保存、管理一切档案（机关的、个人的、新的、旧的），便利办理行政上之参考，供给编纂历史之简择而设立。

［公私　新旧］

第二条　由国家最高立法机关建议设立、兴建。议中应包含：

（一）何时起筹备，何时起正式成立。筹备时得设中央档案馆筹备处负责进行一切事宜。

（二）筹备费每年、每月若干，由何处何款指拨。规定筹备处之组织及人员之调用、聘雇。

（三）档案馆之建筑需要何种形式，可用多少经费，建于何地。

（四）中央档案馆管理委员会之组织及其责任。

（五）中央档案馆及馆长之责任。

第三条　国家最高立法机关并须议定国家档案馆组织法规，其中须规定：

（一）全国政府各机关较老不用之档案（如十年以上）须长期或永远保存者，均集中国家档案馆储藏、管理。

（二）所谓集中储藏、管理，乃欲用最善之法以管理档案，俾便于国家行政上之参考及学术界人士之研究。

[①]　手稿原文此处仅有章名"第一章　国家档案馆创建规程"，小节名为编者根据整理所需而添加。——编者注

（三）规定国家档案馆主要之活动。

［业务］

1.业务方面之活动，应用档案方面之活动，训练档案人才方面之活动。

2.行政及领导地方档案馆方面之活动。

3.流通及历史、出版方面之活动。

4.一般民众与档案馆关系方面。

（四）须规定保藏、整理、应用三方面平均发展。

第四条　国家档案馆及馆长之权责。

（一）有权任用、调整该馆之一切人员。但工资年在若干元以上者须得主管机关之同意。

（二）有权派员视察并辅导全国各机关、各地方之档案管理事宜。

（三）有权接收国家档案管理委员会指定移交之档案。

（四）馆长有权编制馆内之一切（分类、保管、应用、销毁等）规则。

（五）馆长有权管理全馆馆舍及其他一切附属建筑、设备、财产、基地等。

（六）馆长应为国史馆管理委员会理事之一员，以便参与与国史有关之建议、计划等。

（七）馆长为国家档案管理委员会之当然委员，其职责为参与决定各机关何种档案应移交国家档案馆。

（八）馆长有权处置、收受、储存有关全国历史之影片声片等物，且须专设房室以备演放上列影片声片之用。

（九）馆长有权向其主管机构建议销毁过期无效之档案。

（十）主持计划国家档案馆之经费。

（十一）有权训练管理档案之人员。

（十二）有权领导组织档案学会。

第五条　在未建筑国家档案馆时，应先举行全国各机关档案之调整，以便计算容量，决定管理方法，并得组织国家档案调查团出发调查。调查为刷新行政之最好工具。

刷新行政之工具有五：（一）自然改进；（二）幕僚设计；（三）主管人员拟议；（四）开会提案讨论；（五）调查委员会。

第五种最好，惟须运用得法：（一）组织以五人至十人为度；（二）人选以主管人员及档案馆之专家合组为佳；（三）对于时间不能太短；（四）事先对于调查委员会之权限、目的和范围须加确定；（五）调查于案卷之外，须辩征博采其他之材料及意见；（六）报告建议书应包含事实报告、结论及建议，如有秘密部分，可另写呈，以便其他部分之发表；（七）报告及建议不一定须全体委员之同意，不同意者可另附意见。

第六条　根据某项规程建议得组织国家档案馆建筑委员会，会同馆长及其他负责人员，选定馆址，确定经费，选聘建筑师，建筑招标，决定管理方法，并监督工程进行事宜。建筑原则须依建议案所规定之形式下，经费内，地点中，力求合于坚固、美观、合用、交通便利、便于伸缩发展、合乎卫生经济。

第七条　建筑档案馆应分四大部门：（一）行政事务部门；（二）库藏部门；（三）公用部门；（四）流通部门。

第八条　根据调查报告决定档案馆现在及指定之将来时间内应收藏档案之总共数量、管理人之数量及用档人之数量，算出所需之地位立方呎数。

第九条　计算档案应占之地位时，或以时期分算。

（一）自最早至某时止之正档副档，共须占若干立方呎。

（二）某时至某时止之正档副档，共须占若干立方呎。

（三）某时至现在止之正档副档，共须占若干立方呎。或以类别分算，或以发展可能计算之，如历史档、文教档、政治档、影片声片档。

（四）军事档及其他特档等须各占若干立方呎。

（五）以最近一年为准，并加每年可能之增加数，暂以十年或五年计算应占若干立方呎。

第十条　建筑国家档案馆各部分所占之地位，应分配匀称估计之，兹假定一数目以见其比例。

［本条注：①各房室未注出面积者，由建筑师酌定之。②已注出者仍可有百分之五之伸缩范围。］

（一）行政部

1.馆长

　（1）私人办公室500平方尺

　（2）秘书室300

　（3）打字室300

　（4）会客室1,000

　（5）私人盥洗室?

2.副馆长

　（1）私人办公室500

　（2）秘书室300

　（3）私人盥洗室?

3.总务主任

　（1）办公室500

　（2）秘书室300

　（3）私人盥洗室?

　（4）资料及缮校部2,000

　（5）储藏室300

4.各部主任

　（1）办公室（若干个，每个400）

　（2）目录室（若干个，每个400）

5.地理室600

6.登录室600

7.总目录室4,000

8.收档室25,000

9.清洁与消毒室600

　（1）修理室1,200

　（2）装订室1,200

　（3）储藏室200

10.文具用品储藏室400

11.食堂

　　（1）男子800

　　（2）女子800

12.盥洗室

　　（1）男子？

　　（2）女子？

13.复印室（印刷与油印）600

14.照相室6,000

15.邮件部500

16.发件室600

17.国家档案委员会借用理事会之房屋

18.理事会

　　（1）会议室800

　　（2）办公室200

19.史料研究委员会

　　（1）会议室（借用理事会之房屋）

　　（2）办公室（二个，每个200）

20.备用室1,000

（二）事务部

1.管理房屋建筑监督

　　（1）办公室400

　　（2）储藏室100

2.总工程师办公室400，副工程师办公室拟容三人，每人100，共300

3.警卫长

　　（1）办公室300

　　（2）卫队室300

　　（3）传达室200

4.供应室

　（1）抽水设备室500

　（2）木匠500

　（3）箱柜500

　（4）电气设备500

　（5）油漆500

　（6）工头400

　（7）汽车房500

　（8）机械设备13,000（锅炉）

　（9）总储藏室3,000（库房）

（三）事务人员部

1.日夜工作之男工

　（1）住房400

　（2）食堂500

2.日夜工作之女工

　（1）住房500

　（2）食堂400

3.机匠（汽车房）

　（1）住房500

　（2）食堂400

4.废纸室800

5.清洁器具及痰盂室（八个，每个100，共800）

（四）公用部

1.官员普通参考室1,000

2.特别官员参考室（二个，每个500，共1,000）

3.非官员参考室1,000

4.参考室100

5.图书室4,000

6.圕①主任室600

7.展览室10,000

8.设计室2,500

9.公共盥洗室

（1）男？

（2）女？

10.讲演厅（大一）1,200

11.教室（小四）各400

12.电话室200

第十一条　档案馆址应确定于京城中心，惟须注意各种危险，如火灾、盗窃、毁灭等事。一方面固应给公众以便利，但以不妨碍公务员及学者之参查为主。

第十二条　来馆参查档案人员除公务官员外，尚有国内外之历史学者。历史学者留馆之时间较长，馆方应有住宅及研究室之设备。

第十三条　建筑国家档案馆应注意之点：

（一）光线充足。

（二）空气流通。

（三）将来有扩展之余地（要肃静之地）。

（四）内部须工作接洽时，要能直接、简单、少回折。

（五）直接工作于档案部分者，应接近工作处所。为防范火警及档案之其他安全，可另开小门与档库通。

（六）全馆行政工作人员应尽量聚于一处。

（七）修理、装订、重装、消毒、去灰等室，应尽量相联（连），以利工作。

（八）排印、复写、手抄、照相等室应尽量相联（连），以利工作。

（九）咨询部为询问者与档案（库）之居间人，应与档库接近。又，请示之事为多，应与馆长办公室接近。

---

①　"圕"为"图书馆"三字之缩写，由我国著名图书馆学家杜定友所发明和倡导。民国时期常用，今已废弃。

　　——编者注

（十）档库外□与其他部分建筑作适当隔离，档库中不必多加墙壁隔离，必要时以铁丝网隔离之。

（十一）咨询室、政府出版品室、舆图室、地理室、图书馆（室）、休息室、洗手室、吸烟室等，应在同一层楼上，或虽不同层而同位，有路相通者。

（十二）正馆中不得已时可具食堂，但不准储藏食物。厨房在正馆中，绝对不能许可，以防虫鼠。

（二）档案行政讲授大纲

1.档案馆室之目的与功用

第一节　有目的之行政

第二节　档案馆室为现今行政系统之一单位

第三节　档案馆室之目的与方法

第四节　规定之行政之事宜及自办之行政事宜

第五节　基本档案之收集

第六节　档案用法之教人

第七节　馆室与人（管者与用者）之研究

第八节　档案之预备、保存、选择与解释

第九节　馆员之职守与馆长之权责

第十节　档案馆室在国家或机关中地位与重要

2.档案馆室之组织

（1）法令上地位之确定

（2）委员会、董事会之组织

（3）馆长、等级、任法、黜法、休法、可享之权利等规定

3.档案馆室行政上之财政预算及财务问题

（1）财用之来源与供给

（2）合理用度之决定

（3）合理用度数目之标准

①依用者为标准

②依服务之数目种类之多少宽狭为标准

　　　　③依地方或国家对于此方面费用数目之比例为标准

　　（4）各种特别指定捐拨之款项及其利弊

　　　　①今昔情形不同

　　　　②不能自由支配

　　　　③指定薪金

　　　　④指定购文物

　　（5）自办事业之收入

　　（6）用度之预算

　　　　①预算之分类：薪工、文具、设备、家具、文献、装订、修造、旅费

　　　　②合理之比例：运费、邮电、茶水、炭火、灯油、防护

　　　　③馆舍维持费最为不易

　　　　④薪工费须参用国家官阶俸给表

　　　　⑤财务主办之方法

4.档案馆室档案之选择、收购与整理

　　（1）行政与档案

　　（2）档案之选择及其标准

　　　　①参考

　　　　②行政

　　　　③一般研究

　　（3）档案选择上之问题

　　　　①档案馆委员会

　　　　②馆长与馆内人员之意见

　　　　③馆外人士之意见——行政长官、名流硕学

　　（4）整理档案之工具资料之选购

　　（5）档案征获之方法

　　（6）整理档案技术上之各项程序及技术人员

　　（7）重本问题及借租与寄存问题

5.档案馆室行政上之人际问题

（三）美国国家档案馆

1.创议

美国国家档案馆成立于一九三四年，但于一八七八年已由军政部Secretary of War部长提议建筑专屋以储政府各部档案及一切老档；至一八一〇年时，国会议员名Josiah Quiney者又倡议整理档案，乃于国会中成立档案研究委员会并任Quiney为该会主席，从事考查美国老档，并研究以何法能使老档保藏安全而有规律。其研究结果之报告中云："美国在宪法颁布前之老档，均属混乱散佚。如此情况，非但档案无安全之保障，且于国家之行政亦不甚妥善及光荣。"故极力议建专屋以藏档案，俾便管理。

2.讨论

档案委员会既已组织，乃倡议开始讨论。在讨论中Quiney云："余极欲此案能顺利通过。因吾国陆军部、海军部，以及国务院之公共档案均颇混乱，于国家、国会及民族实太不荣；不但此项档案如此，而革命时代之一切档案亦均置诸檐下，有随时被烧之危险。"经此申诉后，国会乃授权于总统，并拨款二万元于总统府旁建屋一所，以储国家各部之档案。此案之成立为一八二〇年三月十二日，直至一八七八年始有新发展。

3.必须①

一八七八年参议员Poindocter提议该建筑纯以储藏政府各部会及一切非常参考运用之档案，此议经军政部及Hayes总统②之赞同并主张建筑一防火之档案储藏所。盖据哥伦比亚防火部之报告，在一八七三至一八七五年间政府各机关之房屋经火焚者在二百五十所以上。而老档经焚毁亦常有之事。故该项建筑，必以防火为原则。

4.总统之赞成

自一八七八年以后，关于建屋以保存档案事，国会几无次不讨论之，一八八〇年至一九三四年曾提议六十九次，其中参议会四十一次，众议会二十八次。经四十人之提议，若干人讨论与修正，并经若干任总统之讨论与赞

---

① 即必要性。——编者注

② 即美国第19任总统拉瑟福德·伯查德·海斯。——编者注

成，至一九〇三年国会乃通过建筑专屋以藏档案，并拨款四十万元，令财政部长议订初步建筑计划，一九〇四年购地，并将拟定之临时计划送呈国会。一九一二年Taft总统[1]在国会演说中有言曰："余今特别提出以引起大众注意者，乃为建筑专屋以藏档案，政府各部之官吏，既知档案零乱无序，且无索引或目录，难于寻找，今地基已购，则须速建档案馆，以便整理。"

5.通过建筑

经各方面努力之结果，国会乃在一九一三年通过公共建筑案，规定档案之建筑程序。但不幸一九一四年欧战爆发，及其他种种原因之限制，工作遂告停止。欧战后旧事重提，一九二四年，参议员Smoot（公共房屋建筑委员会主席）于国会中又提出须速建国家档案馆事。越二年（一九二六年）始完全通过。

6.进行建筑

柯立芝（Coolidge）总统[2]为速成国家档案馆起见，乃指令艺术委员会，拟具建馆计划，并将建筑费用，交预算委员会审查。此后即通过建筑费六百九十万元，至一九二八年又增为八百七十五万元。至此国家档案馆之建筑计划始完全确定，并在一九三一年九月九日举行破土典礼。一九三二年二月九日由Hoover胡佛总统[3]亲自主持奠基典礼，胡佛总统亦为建筑国家档案馆热心人士之一。其在当时之演说，略谓："今日为最有意义之日，再过两日即为华盛顿总统之生日。而此地亦为华（盛）顿总统最早获得之地。建筑于此之档案馆，应置有关美国历史上之名人姓名，及一切本国最神圣之档案，如《独立宣言》、国家宪法等。并应保藏其他各省间人民共同有关之档案，以及其他政治家、军事家，无论男女，凡有关于国家生存之历史者，均须置于其中，此即美国历史之宝殿，又且可谓美国最美之建筑，诚为美国文化之表现，且为美国之优良文化及民族特性之真正表现。"

7.通过档案馆组织法

为速成国家档案馆起见，于一九三四年即通过国家档案馆组织法。同年

---

[1]　即美国第27任总统威廉·霍华德·塔夫脱。——编者注
[2]　即美国第30任总统约翰·卡尔文·柯立芝。——编者注
[3]　即美国第31任总统赫伯特·克拉克·胡佛。——编者注

六月十九日罗斯福总统亲自批准此案。由此可见国家档案馆并非一党一派之要求，实系全国一致之意见。

国家档案馆组织法，规定馆长之任用及其职权，馆长由总统特任，馆中人员之任免，经费之支配，计划之实施，均由馆长负其全责。但此组织法，后经若干档案专家及组织委员会提出十条纲领，修改补正，始经实施。

8.组织法中之二大目的

（1）全国政府各机关不用之档案，而有关于省之行政及历史须长期或永久保存者，均集中一处储藏管理。

（2）所谓集中管理者，乃欲用最善之法以管理档案，俾便于国家行政上之参考，尤便于学术界人士之研究。

9.档案馆馆长之职责

为欲达到以上两目的，法令中规定：国家档案馆馆长有管理及监督全国一切档案之权，无论立法、司法、行政等部门之档案均属之。全国各机关之档案，亦须经国家档案审查委员会审查后始可转存于国家档案馆，并规定馆长之责任如次：

档案馆馆长之责任：

（1）馆长有权任用该馆一切人员，但薪水每年在五千以上者，须由总统委任而得参议员之同意。

（2）馆长有权或派人视察全国各机关之档案。

（3）馆长有权接收国家档案审查委员会移交之档案。

（4）馆长有权编制馆内之一切分类、保管、应用、销毁等规则。

（5）馆长有权管理全馆馆舍及一切附属建筑、设备、财产、基地等。

（6）馆长兼任全国历史出版委员会之主席，以便拟订应出版之建议、计划及预算等。

（7）馆长为国家档案审查委员会之当然委员，其职责为决定各机关何种档案应移交国家档案馆。

（8）馆长有权设置、收受、储存有关全国历史之影片、声片，且须设置一屋以备演放上列之影片、声片等。

（9）馆长有权建议国会，关于任何过期无效之档案之销毁。

（10）主持与筹划国家档案馆及历史出版委员会之一切经费。

10.档案馆之主要活动

国家档案馆之设立，有四种主要之活动。其中两项为讨论内部之事务（业务及行政方面者）。另二项乃讨论外部之事务（历史之出版及一般民众与档案馆之关系）。此四项均经深研细究，亦即国家档案馆之立法所在。

11.实行调查各机关之档案

一九三〇年胡佛总统委派一临时调查委员会，调查各机关之档案，以调查所得为建馆大小及式样之标准。当时该委员会之组织包有下列各机关之代表：①国务院，②财政部，③军政部，④内政部，⑤国会圕，⑥主计局。

12.档案馆之容量

根据调查委员会之报告，乃知档案应收藏之总数，及管理人之数量。从此档案馆所需之立方呎数亦可计算之如下（表2-1）。

13.档案馆建筑报告之内容

此报告于一九三〇年十一月十日正式提出，除上述各项计划外，并讨论建筑之式样、组织法与人员之任用等事，且特申明此建筑与其他同样大小之建筑需工较少，并谓此馆之工作人员决不超出六百人。故此报告本身即系最有趣味、最有意义之档案，应善为保藏。其报告如下。

14.建筑之原则

国家档案馆之目的，在保存联邦政府各机关应永存之档案，即政府机关所必须长久保存之全部档案，其价值不等，有无上价值类者，如原始法令、原始条约等。另一类乃档案各别本无显著之价值者。

又国家档案馆，并非以之储藏现政府常用之档案，乃用以储存已失时效之档案。

15.来馆参考人员之分类

来馆参考人员，可分二部分，一为政府各机关之公务员，专门来馆参考及研究各种材料，一为国内外历史家之参考。最近五十年中，国内外学者来馆作参考工作者，为数较少于政府公务人员来馆参考者之数量，但历史家来馆研究者较多，而留馆时间亦较长，故馆方应有更方便之设备，如住宅与研究室等，以给予便利。

表 2-1 调查政府档案临时委员会调查报告表 ①

	各项材料应占之地位					
	正　档	副　档	小册子	地　图	索　引	总　计
1.下至1860年之档	38,326	57,270	4,511	6,766	1,826	108,701
2.1861（年）至1916年	247,283	488,872	124,204	33,576	29,318	923,254
3.1917（年）至现在	201,135	2,066,971	89,249	68,155	216,167	2,641,677
4.总计	486,744	2,613,113	217,965	108,498	247,312	3,673,633
5.减去不甚重要之档	49,513	534,091	18,093	28,207	121,462	751,368
6.总计	437,231	2,079,022	199,872	80,290	125,849	2,922,265
7.1920（年）至1929年十年中平均每年增加之档	6,061	112,487	6,488	4,392	15,812	145,203
8.人事档	（1）35,854	（2）103,781	（3）417,907	共计557,542		（每年国务院增加三千立方呎外国档案）
9.现档所占平方尺	818,992平方尺					
10.战事档（已移至华盛顿）	282,721平方尺					

① 此表序号为编者所加。原表表头注有"（附表一）"字样。——编者注

16.档案馆址之确定

档案馆址之确定于京城中心，乃为便利公众之参考，惟吾人所注意者，即对于来用档案之公众，应给以相当之限制，决不使妨碍公务员之参查。再馆之本身，亦不应为公众之便利，而使档案馆有受危险之虞，如火灾、盗窃及档案毁灭等事。

17.档案馆应分四大部门

为完成上述之功效，吾人应分档案为四大部门：①行政事务部，②库藏部，③公用部，④公私流通部。

18.档案馆之式样

根据附表一（表2-1）所示，各项部门所需之地位已有规定，但为迁就现今三角形之地基起见，势必与原计划略有出入。

19.事先之预计

最初入馆之档案不致太多，大约每五年增加一次，预计一九一七年一月以前，政府档案有永之价值而急须入藏者，最多不能超过一百万立方尺[①]，如档案贮藏所占之容积，吾人称之曰档积，则库积应为三百五十万立方呎，方足以容上述数量之档案。进而更预估一九一七年至一九三〇年之档案，或能超过一九一七年一月以前二倍有余，从而库积当为九百万至一千万立方呎之间。并为适应逐年之扩增起见，每年二十万立方呎之档积，以及六十万立方呎之库积，实为必需之准备。在工作上若利用此三角形地基以建造库积一千万立方呎之档库，在事实上，最近五十年中，绝不会使档库充满。

20.内部之设计原则

国家档案馆建筑之目的，在使内部任何方面之工作，简单而直接。因地基有限、档案繁多，故档库之建筑，应非常集中，而每一档库又应具有充分之自然光线与空气。

21.将来之扩展

依上述之计划，最要者即建筑时应留空地一半，以为五十年扩展之用，库

---

① "立方尺"疑为"立方呎"之误。——编者注

房在自然光线与空气充分时，可移作别用，迄档库已存储档案时，可改为人为光线。

22.人员之住居

关于人员住居方面应注意者，即馆中人员住处实较其他部分为少，故所有工作人员日后将不使超过六百人，因现实较少于六百人，亦已足够。

23.人员之分配

关于人事方面，大概可分为二部分：

（1）直接工作于档案部分者，应以接近工作处所为原则。

（2）中央行政部分人员，其职务虽不等，然应尽可能使彼等位于一处，并尽量使彼等对于检查别类档案时，亦能收直接工作之便利，同时能使获得较好之空气与日光。但为顾全库藏之防火及档案之安全起见，人员除必须靠近档库居住者外，当使之远离，而随时与档案发生关系之工作人员，最好用小门直接联络居室，以免工作时间之浪费并使与中央行政人员易于联络。

24.人事上之组织

最初计划国立档案馆之组织，是假定正馆长一人，副馆长二人，分司常务与政务，问讯部、参考部、编目部、研究部主任均由受高级训练之人员担任。亦如国家图书馆中主任须经专门圕学之训练而富有学识经验者然。此外技术工作人员，如收档、排档、清档、修档与复印等各组长，亦须经专门训练者充任之，并应使之联络一处，以与其他工作人员隔离。

25.事务之进行

在档案迁移之先，当有若干之规定，但为防止拥挤起见，仍应在收档处准备较大之空地。送档者依例随带清册，接档者亦应按规律安放，以备点收。当入库藏前，以不分散零乱为原则，尽量使之保持原状，迄档案已入库藏，吾人处理检取此项档案，当有下述之情况：

（1）请求寻检某一单件，或某小部分之档案。

（2）外人来搜集某项资料时，管档者于检得是项资料后，可面告之，不必取出原档。

（3）政府机关或私人因讨论一问题，而须寻检大量之档案者。

26.馆方对于外来研究者之二种工作

外来之研究者，既有上列三种情形之请求，馆方当有下列二项注意：

（1）只须在档库即能完成该项任务者，或在档库附近屋内经人监视可办者。

（2）如需大量之档案，吾人必须将此由档库移至普通研究室，或特别研究室，随彼等自由研究。

27.特种档案之检用

档库之分隔，通常有二种式样：其一以铁丝网自屋顶至地隔成小屋，其二用墙壁分隔。

档库中之档案常有性质不能供诸普通之研究者，必须政府之特许，或原送档机关（之许可），方可检查者，则用铁丝网隔离之。

28.档案之装订与修理

除须用档案之情况外，档案尚须搬出修理、装订、重装、消毒、去灰等，但主持此项搬运工作者，须特别留意。而此若干工作部门之房屋，应彼此联络较为便利，如排印、复印、照像等。时间则应尽量缩短，至其他修理、装订等工作之时间，以及搬运之手续与方式，均应以省力省时为原则。

29.咨询部之重要

在行政工作中，以咨询部为最重要。该部须在档库以外，并须有电话之联络，及负专责者之管理，以便随时答复。且该部实为询问者与档库之居间人，故须离档库较近，同时又为承上启下之中心机构，故须与馆长办公室接近，以便请示而免奔走之苦。

30.咨询部之应用目录

咨询部答覆（复）问题，常须目录检查，而此目录不必过详，惟须能查该档在于何部，然后至该部详查细目或原存送档清册等。

31.外国人检档办法

外国人来馆检档，则须经出纳部办理，不能与咨询部直接授受，大概普通官用者，须有一大研究室，二小研究室。最初计划研究室，须注意将来之发展。

32.政府出版品之效力

往咨询部咨讯（询）之问题，事实上往往于政府出版品中即可答复，并不须翻检原档。因此于档案馆中须设圕，以便随时查阅。而此圕务使与咨询部最为接近，在楼之正上正下位置，而可由升降机或小梯传送者，最为适当。

33.政府出版品部

该圕之组织应专藏政府出版品，其书架须作Alcove式（小房式）之排列，并须使研究者便于出入及检书。同时应使研究参考者取置有序，以免档案紊乱而影响他人之寻检，且专供档案馆工作人员之参考，而不必为公众所利用。

34.地图储藏部

此外须地图特藏部，专藏政府需用之舆图，应请专家管理。又因其形式之特殊与不一律，故其保藏及应用，均需有特别之设置，在应用上地图应与档案库分离，而须与地理部联接。同时地理部须一面接近圕，一面紧接咨询部，其建筑应准备若干宽大桌案以展列地图，若干空旷墙壁以悬挂地图。

35.咨询部

咨询部目录与目录部目录各不相混。若干目录可于各部协助监督之下于接近档库处为之。然大部目录，仍应由目录部主持。目录部常位于研究室与咨询部之邻近。

36.档库之禁条

档库应尽量保持安全，以免盗窃、鼠啮、虫害及水湿等，可设清洁之食堂于馆内，但绝对禁贮食物及建立厨房于馆内。

37.档案馆各部分所占地位之估计

表2-2 档案馆所需各部分之地位之估计（均以平方尺① 为单位）

甲　行政部			
1.馆长		2.副馆长	
私人办公室	500	私人办公室	500
秘书室	300	秘书室	300
打字室	300	私人盥洗室	
会客室	1,000	3.总务主任	
私人盥洗室		办公室	500

---

① "尺"疑为"呎"之误。后同。——编者注

续表

甲 行政部			
秘书室	300	男子	800
私人盥洗室		女子	800
资料及缮校部	2,000	12.盥洗室	
储藏室	300	男子	
4.各部主任		女子	
办公室（10个，每个400平方尺）	4,000	13.复印部（印刷与油印）	600
目录室（同上）	4,000	14.照像（相）部	6,000
5.地理部	600	15.邮件部	500
6.登录部	600	16.发件部	600
7.总目录部	4,000	17.国家档案参议会（借用顾问委员会之房屋）	
8.收档部	25,000	18.顾问委员会	
9.清洁与消毒部	600	会议室	800
修理部	1,200	办公室	200
装订部	1,200	19.国家历史出版委员会（借顾问委员会之屋）	
储藏部	200	办公室（2个，每个200平方尺）	400
10.文具用品储藏室（总务处）	400	20.留作他用者（以备扩充）	1,000
11.食堂			
乙 作业部（事务）			
1.管理监督（房屋建筑）		卫队室（每人一小间）	300
办公室	400	4.供应室	
储藏室	100	抽水设备	500
2.总工程师办公室	400	木匠	500
副工程师办公室（三人，每人100尺）	300	箱柜	500
3.警卫长		电气设备	500
办公室	300	油漆	500

续表

乙　作业部（事务）			
工头	400	6.总储藏室	2,000
5.机械设备	12,000		
丙　事务人员部			
1.日夜工作之男工		食堂	400
住房（个别室）	500	3.机匠	
盥洗室		住房	500
食堂	400	盥洗室	
2.日夜工作之女工		食堂	400
住房	500	4.废纸室	800
盥洗室		5.清洁器具及痰盂室（8个，每个100）	800
丁　公用部			
1.官员普通参考室	1,000	7.展览室	1,200
2.特别官员参考室（二个，每个500）	1,000	8.设计室	2,500
3.非官员参考室	1,000	9.公共盥洗室	
4.参考室扩充部	1,000	男子	
5.图书室	4,000	女子	
6.圕主任室	600		

38.计划之伸缩性

此计划之实行虽以此为基础，然可随时改正，胡佛总统所成立委员会之估计，已超过三百万立方尺①之档案行将入藏。此项档案，今尚散置于各城市之地板上、楼顶上、地洞内以及其他不合宜之场所，随时有被毁坏之危险。故必先行调查，经消毒整理后，方可入馆典藏。

39.李兰氏著论国家档案之重要

Leland氏②曾著书讨论国家档案馆之重要，"联邦政府之档案，包有信件、

---

① "立方尺"疑为"立方呎"之误。——编者注

② 今译"勒兰氏"。——编者注

命令、报告书、帐（账）册，以及其他行政过程中，必须发生之文件，均有无限价值。在现今行政中常须利用之。因此档案能使国家凡事有根据。在保护国家之权利上，亦有法律之根据，尤于国际纠纷中，常引档案中之证据，以坚强主国之立场，对内则以之保护成千万之土地，以及成千万之专利权，故档案如有遗失或毁坏，不但有碍公务，且可损失利权。"

40.对于国家档案馆，向来争论之问题

最后将现今国家档案馆向来争论之问题，归纳述之如下：

（1）国家档案馆有权收集全国各机关之公报一份以上，以备参考。但并不负分派国家政府出版品之责。

（2）各机关之规程，往往为数甚多，积为巨册，但其实质并非每种均有价值均施行者，故国家档案馆有权搜集，而组织委员会审查其有用与否，俾定取舍，而便检查。

（3）国家档案馆馆长可受政府之铨叙，以保护其职责，使不受政局之影响，惟国会圕，向不受铨叙，而亦从不受政治之影响，故国家档案馆可以此为例。

（四）英国官档局之行政管理述要

（The Public Record Office）

1.概论

官档局位于法院街路东，距舰队街（Fleet street）北约一百五十码之谱。全国国家档案四分之三之档案皆集中于此，因之极为拥挤，不能不另觅储藏之地于Jail at Canterbury。该局除档库、阅览室及职员宿舍外，另附有一档案博物院。

官档局成立于1838年，此时以前全国各档案分散于各处，而未集中。后国家规定全国档案必须集中于一处，集中管理，其间虽不无缺憾，但可谓为世界上奇事之一，亦为研究历史者添一良好机会。比如教会之档案向来比较其他档案集中，但除其各教区之档案不计外，仍散置十余处。又如比利时国家如是其小，档案宜易集中，但其档案亦仍分置数处。英国1838年前，档案则归案卷长官公署（The Master of the Rolls）管理，最初案卷长不过高等法院法官之一。其后渐变为内阁大臣之书记，而内阁大臣（Chancellor）亦不过皇帝私人之牧师，便中与皇帝写信而已。后又为印玺大臣，于是管理之事遂移于案卷长。其后因

革命之故，所有档卷均移置于法院街之官档局。

官档局之房屋为1239年亨利第五所建，以劝化犹太人者，即犹太人劝化院。1290年犹太人被逐，遂用以藏档，在法院街所新建之屋内有亨利第五之铜像，其手中尚有一小礼拜堂，以资纪念。

官档局之材料乃有限制者，并非所有英国历史上之材料均在于此。实际上所谓历史乃皇家之历史，亦并非全国各地政事之历史也。凡当时与皇室无关之事，则无其名，其与帝王无经济上之往（来）者，亦永无其名字、事实见于官档之中。此在中古皇权时代特别为然。自十六、十七、十八直至十九世纪以来，实业革命而后，民权思想日见发达，平民与档案之关系乃渐见纷繁密切焉。

现在官档局中之档案，乃曾经过若干次之整理与变迁者，并非一向原状即如此也。

官档局本处之档乃为法院档，1838年成立后，财政档始行加入。

官档局于1838年规定各处之档集中一处，用同一之方法管理，表面似甚佳胜，但其结果有一难以忘却之痛苦经验，即不能尊重原形而不易考察原来国家行政上之组织。例如，The Cartae Antique本为财政档，因整理之故，今却在政治档中，且此档为Stapeldan主教搬至陶然楼（Tower）中整理，整理数年并未完备，而此主教忽死，其后此档即移交法院整理，故今此档在政治档内。又如殖民地档，原为商业部档与美印部档，因当地须编殖民地史，致混而为一，今如欲单独研究美印部档或商业部档即不可能。

官档局中所编指南（Guide）最早者为：

（1）Thomas之《官档局手册》（*Hand Book to the Public Record*）。

此手册与今日之手册不同，乃用标题索引之法所编，如欲查检关于"调查"之事，则可于"调查"二字名下检之；如欲查"民众学校"，则可于"民众学校"字下检之。

（2）Guisippi氏所编之指南。

此本指南又与前者不同，乃依档案种别而分，如：①法院档；②财政档；③法律档；④领地档（Palatinate）；⑤特别档，共五大类。大类之下，再作细分。Guisippi氏此项办法颇佳，因其尊重原形，未将原来档序混乱移割也。吾人处今日而研究处理古时之档案，应设身处地以悬考当时之实在施政情形及明了当时之政制制度。

吾人考究档案，何以须尊重档案之原形，何以须明究当时之行政制度耶？盖如此乃可以知当时某事某事何以会如此办而亦必须如此办理之原因也。档案乃有机体行政机构之遗物，故其档案决不宜随意分散割裂。此重视原形乃近代管理档案之一大新思想也。

英国官档局保管档案之原则，略有与别国不同者，缘欧洲大陆各国均喜设法买还遗失于外之国家档案，但英国官档局则颇不以为然。因法院曾有一项规定，谓档案乃"证明"之品物，有"公正"之意思，如此则档案之本身须未经增减破坏或离开其合法保管之机关者，方能绝对有效。故有时当局明知民间私人手中有某项档案，亦并不急急买还者，良为此也。因此，英国档案□颇多残缺之处尚未补全，今后虽不合于法院之规定□□□□□，仍须设法买还，以免流至域外或更形散乱之虞。

2.中世纪之内阁档案（The Secretariat in the Middle Age）

（1）内阁之重要（Importance of the Chancery）。

中世纪时政府之权能有三方面：第一，秘书的；第二，财政的；第三，司法的。虽有此三方面，但最重要者为秘书的，其他财政、司法不过附属于秘书之下而已。

（2）特许文书（The Diplomas）。

当时内阁帮助皇帝所发布之特殊文书颇多。此种文书以关于赐予诸侯、王公大臣、教会居士及地方政府之财产土地者为多。

（3）特许状牒（The Seal Writs）。

特许状牒之功用，与特许文书完全相同，惟行用之时代较晚。封发之时用有蜡印，亦即后日之特许证。公开发给特许证，封寄特许证之起源。关于此种特许证，均由内阁大臣起草缮写、盖印封发。

（4）内阁底本卷子档（The Chancery Enrollments）。

自十二世纪以来，内阁所发之特许文书或谍（牒）状，均须留置副本，排列之以供参考，其后凡公文均须留副本，其所以称为Enrollment者，因其写于羊皮之上，12″×24″^①，缝接之，每30张成为一卷。法国与教皇则称为Registers，因其为书本，其中可分为六类：

①特许证档（Charters Rolls），其中皆冠冕堂皇尊严重要之证。

②公开发给特许证（Patent Rolls），盖印于证上，公开发给并不封口。

③封寄特许证档（Close Rolls），在封口处盖印者，须接收是证者亲自开启。此种档案内阁最多。

④租地档（Fine Rolls），即欲得国家之某地者，可以若干金钱租得之而国家予以证明书也。

⑤发放档（Liberate Rolls）。

⑥其他杂档。

（5）内阁底本卷子档之限制及其缺点。

英国档案最多最完备者即为此档，但其中亦有其限制与缺点。其发出之文件与其底本，文字往往不同，又时有脱误。抄于羊皮纸上，无一定之次序，阅时卷舒、反正、前后，颇为麻烦。而其书写又极端喜用缩写，今日最难认识。

（6）内阁政权之演变与分化。

于十三世纪时内阁已变为政府中之首脑大部，一切事务均形机械化，而不常接近于国王矣，并已移至Westminster枢密寺办公。皇帝有命令时，须另以文字通知之，而盖皇帝之私印。内阁发出之文件则用国家大玺。其后私印办稿处又变为枢密院，故皇帝所发出之文件，又须另用小章，此盖小章处后又变为机要处。于是其行政系统为：皇帝—机要处—枢密院—内阁。

（7）内阁收文档。

此中含有各地收到特许证之复文、收据、账单、证凭、请求状等。此种文件多于其旁穿孔以系之，为数颇多。

（8）内阁杂档。

此中含有内务府档、外交档，及其他无所依归之档案。此项杂档，至今尚无目录云。

---

① 英美制长度单位，即12英寸×24英寸。——编者注

3.财政档及法律档（The Exchequer & the Legal Records）

（1）财政部之起源（Origin of the Exchequer）。

财政部与内阁之起源大抵相同。初仅为皇帝之司账员而已。后乃蔚为大部，自掌印玺。亨利第二时已离皇家法院而独立。并专设部长，称之曰Treasurer，每年于复活节及圣米迦勒节（9.24）举行各州各地财政会议于国王之前。其所以名之曰Exchequer者，因1179年时之财政部部长R. F. Nigel氏曾撰《财政部琐记》一书，内称其时之司账员应用一种布格计算器（Chequer Cloth）计算账目云。

（2）财政部之成立及发展（Development of Exchequed Records）。

十五世纪以还，财部即有独立之档案。前此多与各其他档案合放。其中档件甚多，如：

财政部大卷档（The Great Rolls of Exchequer）；

度量衡档（The Pipe Rolls）；

备忘档（The Memoranda Rolls）；

发放档（The Issue Rolls）；

收入档（The Receit Rolls[①]）。

财政部事繁后所属局所甚多，自传下之范档又见之有：

皇家收支局（King's Remembrances）；

王公收支局（The Lord Treasuer's Remembrances）；

国家税收调解局档（The Argumentation Office）；

头产税及什一税局档（The Office of First Fruits & Tenths）；

田赋收支审核局（The Office of the Auditors of the Revenue）；

诉讼局档（The Office of the Clerk of the Pleas）。

（3）财政档与财政年与王政年之关系。

财政年度（The Exchequer Year）与王政年度（The Regnal Year）起讫往往不同，故档料时间之规定及查考时时发生疑义。

---

① "The Receit Rolls"疑为"The Receipt Rolls"之误。——编者注

（4）财政档中之册（订）轴档（The Pipe Rolls）。

从前之档以羊皮接连长缝成卷，此则叠订一端而成卷，应用较便。（The exchequer adopted the more convenient arrangement of a bunch of membranes fastened together at the head）。每卷称为a pipe，一轴。其档中之文字亦皆精善者，极为郑重、准确。不似内阁档文字之草率。盖此多系须呈于财政会议之前而待审核者，故甚讲究也。而亦中古时财政经济状况中最有价值之材料。Pipe Roll Society对于此档整理印行尽力不小。此档中一贯喜用罗马数目字，普通研究者颇不方便。赖Johnson氏另有说明，尚不十分困难。

（5）内阁档、财政档及法院之关连（联）（Cooperation of Chancery, Exchequer & the Law Court）。

一如内阁之付款通知档（Originalia Rolls），内阁及财部档均有之，彼此可以对照。又贵族领地、贵族死后主权有转移变更时，内阁及财部亦均有记录（Inquisitions Post Mortem），而法院罚锾，往往有委托各地财政局代收交国库者，故法院与财部均有记录也。

（6）从前宗人府（The Household Accounts）及内务府（Wardrobe Accounts）之账目档后亦多并入于财政部档中。

（7）法院之法（发）展。

法院初亦不过皇室事务之一，并未成独立机关，与内阁、财部相同。各地有（Local Courts）地方法庭。皇室时派人查察（The Itinerant Justices）。后乃成立王室法院（King's Court）。再后乃发展中央之两大法院，民事诉讼院（Courts of Common Pleas）及刑事诉讼院（Court of King's Bench），均形独立而不属于王室矣，如内阁及财部然。

（8）法院档已印行者有Flower所编*Deputy Keeper of the Records*所出版之法院卷子档The Curia（Court）Regts（Legal）Rolls。

（9）此外法档尚有The Plea Rolls ⎰ Civil pleas；
　　　　　　　　　　　　　　　　　⎱ Criminal achives；

　　　　The Assize Rolls；

　　　　The Gaol Delivery Rolls；

　　　　The Coroner's Rolls。

均放于Round Search Room中。

（10）内阁、财部、法院档之比较。

法档仿财档法，Plea Rolls订为册卷，与内阁档之长卷不同。法档为组皆为一时代者，划分颇严。内阁档中多用王政年（Regnal Year），财政档则有Easter年及Michaelmas年两种。法院档则有Legal Year（法年），即Hilary、Lent、Trinity及Michaelmas四种。法档中之书法亦自有其特点，自然而时行之字体，与Pipe Roll书法秀美者不同，法档则甚为草率、粗鄙，皮质亦较劣而小，法档复本特多。

（11）印出之法档，如Curia Regis Roll，一部分之de Banco Rolls（民事），British Record Society所印出之Cssam Rege Roll（刑事）及Seldom Society所印行之Eyre of Rout，The Northampton and Luialn Assize Rolls，Plea of the Crown for the County of Gloucester，均足以辅助研究之便。

（12）更有所谓"年书"者（The Year Books），乃最早之白话口头辩论。乃学律之徒所记录者。虽非正档，然其中亦不少可供研究之材料。

4.近世之档案（The Transition to Modern Time）

（1）行政机构之渐变（Administration Changes）。

自1450（年）至1550（年）中央行政机构颇有变化。内阁、财部、枢密院、法院各机关表面仍照旧进行，但亨利第八崩后，中央即有新机构之产生。财部之新机构可于今存之Aedared Accounts档中见之（公布账档）。法档则有Star Chamber（星法院，古时设于Westminiter宫殿内之民事刑事法庭，以纠问关于皇室之犯罪为主，以武断不法名于世）及Court of Request（请求法庭）之记录。宗教方面则有新成立之Court of Augmentation及Court of Tenths & First Fruits（国税调解法院，头产税及什一税）。

（2）国务院之兴起（Rise of the Secretaries of State）。

1450（年）以后，国务院即兴起，而遂拥有大量之档案——国务档（The State Papers）。研究亨利七世者尚有赖于内阁档，研究亨利八世者则需仰赖国务档矣。

（3）国务档（The State Papers）。

国务档乃是一种新形式之档案，与中古时代之档案不同，非某一机关

（Routine Product）行政过程中之产物，而为某一官吏之知己、厌杂之信件、in letters、out letters、drafts、reports、schedules，大部分写于纸上者，各种大小之形式，今仍照其原来依年月之次序排列。此类档案与历史极有关系，因古时档之内容以机关为主，而此等档则转论人民之事焉。

（4）因新制度成立，而有新档。于是旧机关之旧档，遂时有一时期而无档者，或稀少不全者（Disappearance of Certain Medieval Archives）。

（5）国务档局（The State Paper Office）。

国务档一多，遂成国务档局。成于1578年，创始于Dr. Thomas Wilson博士，而成局于Sir Thomas Wilson。后分之为两大类，内政与外交（Foreign & Domestic）。直至现在尚是如此。并坚持State Paper为Public Records，因其时已有人将其作官时之文件随去职而携走者，此习不限于国务院，至十九世纪时始停止。故今颇有一部档案，由私人而入于大英博物院者。

（6）御玺变为局。其图表应如下：

```
王（帝）              King
  |                    |
御玺局              Signet Office
  |          =         |
枢密院             Privy Seal Office
  |                    |
内阁                Chancery
```

御玺局1857年撤除，其职务并入Home Office内政局。

（7）国务院中各部长或国务卿之增加（Increase in the Member of the Secretaries of State）。

直至1872（年）尚只二国务员，一为北部卿，一为南部卿（The Northern Department & the Southern Department）。后北部变为外交局（Foreign Office）。1794（年）则又有军务卿之任命。1768（年）又任命殖民卿，1782（年）又废除，其事并入内政局。1794（年）殖民事务处新设立军部（Colonial Office,

Department of War），1854（年）后始又另设殖民卿云。此外海军、军械、财政均曾成部局设卿，而财部则为领袖卿云。

（8）各部局之档案（Departmental Records）。

各部之档案，依1838（年）规程，多置其档案于Record Office管理权之下，但档案本身则多存于各部之中。如Indian Office之档案即今仍存该局是也。学者于此不可不知。各部档案之移存于官档局者，Giceseppi's *Guide*二卷中言之甚详。

（9）外交局档（The Foreign Office Records）。

外交局档，除私档及临时档而外，大别之为二类：

①Records Accumulated at Whitehall，白堂档。

②Embassy and Consular Archives，使馆档。

白堂档为General Correspondence，其不以国分，如：美国档，F.O.5；法国档，F.O.27。每国之下又分：

①该国与英大使之函件。

②与各领事之函件。

③与在伦敦之外交大臣（Foreign Minister）之函件。

在此之下之函件又分为收文与发文（In Letters and Out Letters）。尚存在外交局之档，则另有目录。此外，外交档尚有条约档（Treatises, F.O.93）及账目档（Accounts, F.O.95 & 96）。

使馆档下亦依国分。其重要部分亦为函件。其下亦分收入函件与发出函件。其下再分为Registers及Sub Consulates。

（10）永久性文官制度与档案（The Permanent Civil Service）。

文官宜以考试升进，不随长官去职。各部之首长，应为永久事务给恤职，不宜与国务卿（Secretary of State）混。此为政务官，决定政策者，宜随政府变迁。如此则官制及档案之变迁均较小而易处理。

5.官档局档案之应用（The Approach of Research）

（1）印刷之档案（Public Record in Print）。

官档局大部分档案均有印本，亦即为研究、了解行政历史者之锁钥。档案印本目录甚大甚繁，极不易全部明白。惟全部印行当有待于私人及私家会社之

努力，但须防止重复工作耳。

（2）官刊档案（The Official Publications）。

重要档案均由政府印行，盖私人印行重要大档将使其混杂不清也。

（3）Q字目录（List Q）。

可向印铸局免费取阅（Stationary Office），此目随（时）增订，为参考上极有用之工具。其内容学者应熟知之。

（4）刊印历史（Their Beginnings）。

档案之印行自十六世纪以来即经发动，惟事业甚微。1704—1713（年）Thomas Rymer主编之*Faedera*规模较大。其费用由国家供给，虽甚菲薄。1719（年）参院，1732（年）众院均谓档案甚乱，宜加整理印行。至1767（年）始为国会印*Rolls of Parliament*。1783（年）印*Domesday Book*，编印甚精，后且无过之者。盖政权负全责、出全费以成其事也。

（5）档案刊行委员会。

1800年即成立委员会，至1837（年）印出之物甚多。最初印档，其字体皆用"档案体"（Record Type），以求逼真酷似原档。惟选印档案无一定之系统，印出之物比较零碎，大部要件完成者不多。

（6）档案刊行第二期。

1838（年）*Public Record Office Act*通过，即不用从前之法（档体）印档，以为太费，而从事于新计划之印档，但二十年中除各年报告尚有相当之价值外，成就不大。1858（年）至1886（年）则为档案刊行第二期，亦即编档者之黄金时代。薪金颇丰，而官档局亦于是时产生，最重要之档案即于此时印出。

①卷子档（The Rolls Series）。

②国务档纪年（The Calenders of State Papers）。

（7）档案刊行第三期（1586（年），即Sir Henry Macwell Lyte始）。

从前印档多半全印（in extense of free length），此期则不全印而致力于编印纪年。中世纪各要档均印系年要录（Calenders），谓之纪年制度（Calender System）。

（8）未印之档（Record Still Unprinted）。

未印之档以财政档为甚，法档印者甚少。

（9）档案目录及索引集（The Lists and Indexes Series）。

Henry Macwell Lyte曾编印目录及索引有五十余册。以四开大本印之。排列之法颇好，检索研究必要之品。

（10）档案中之文字问题（Palaeography）。

英国古今文字拼法、书写往往不同。以今译古问题时生，读毕颇为困难。俗写、缩写、省写（Contractions，Abbreviation）亦难诠释。专名之读法，大写之形式，亦多困难。研究档案者于古文字须有相（当）研究方行。

（11）档案之移录（传录）（The Transcription of Records）。

传录至今尚无一定法。最初注重"逼真"，故有"Record Type"之创造。后因困难又略向自由一路进行。缩写等全以意大利体印之，后反趋"逼真"一派。大批传录之道，当以"了解"为主，只求逼真，无补于问题之解决。编者、排者、读者均无利益。故今多半以能充分决定者用今文写之，余则作记，考求原文或照传可也。

（12）初入官档局者须知（The First Visit to the Public Records of Office）。

初入局者先须具备相当之历史知识及语言知识，然后于局中之图书馆消磨相当时间，颇为有益，再求熟习（悉）研究室之组织及程序。

（13）阅览证（Reader's Tickets）。

阅者向Secretary索取，以书面请求即可得之，不必亲自索取。填好之后，请人签保。最好在一礼拜前进行。阅览证永久通用。外籍学者须其国之使馆介绍。

（14）阅览室（The Literacy and Legal Search Rooms）。

阅览室分史档室与法档室两室。史档室亦称圆形研究室（实为十六方形者），阅者两室均可应用，但史档室较为方便。史档室不甚大，有玻璃屋顶，光线颇好。室内有一主任，两三助手。读者有不知之事，即可答复。

（15）参考系统（The System of Reference）。

管理人可告（知）读者如何填写调档证，如何进行参考。每类档案系一大写字母代表之。下为亚拉伯数字[①]代表小类。如E/101为King's Remembrancer中

---

① 即阿拉伯数字。——编者注

之Accounts Various。E为Exchequer，C/81为内阁档Warrants for the Great Deal。第二节亚拉伯数字代表档案之所在，如E/101/96，第九十六箱乃为Council之Wages & Diet档。第三节亚拉伯数字代（表）该箱内之件数，如E/101/96/8，第八件指Edward Ⅲ之第四十年Council Breakfast账档。不过引证书写之时，仍以用档案名称较用符号为佳。

（16）参考书（The Reference Books）。

先宜看Lists & Indexes。此围墙而放，每厨（橱）贴有号码名称。每册之上亦有厨（橱）码。

此外尚有Keys、Catalogues、Deputy Reports及普通参考书如Dates Books、Dictionaries Peerages（缙绅录）及系年要录等。

（17）索引目录（The Class of Indexes）。

各种索引、纪年等另有目录八大本，置于史档室、大英博物院、历史研究所及Bodleian图书馆，均置有副本。

（18）古档与近档之取阅。

古档大致无限制公开。政府部院化以后（大抵1885年以后）之档案多非经特别允许者不能阅览。法档在1800年以后者须付费方可阅览。

（19）印档之卡片目录（The Card Catalogue of Public Records Printed）。

印档卡片目录，今虽尚未完全，已有40,000张，颇为有用。此外，印章（Seals）、地图（Maps）、田赋档（Manorial Records）亦有目录。

（20）研究者最后应注意之三点：

①须注意历代行政机构之组织与变化。

②须注意所究之档案来源之行政机构，在当时抑为初创时期中，抑为权势正在兴盛时期中，抑在衰颓时期中而其机关已成具闻（Formal）者。

③注意所究档案之原Fund及变化分合之关系。

第二章　国立（家）档案馆组织规程

（一）国家档案馆组织规程一览[①]

第一条　中国国立档案馆遵照中华民国某项法令或议决案设立之。

第二条　中国国立档案馆遵照国家既定之方针，掌理、收集、保存、整理具有全国性之一切陈旧档案。

第三条　国立档案馆有指导省立档案馆、县立档案馆及政府各机关档案室之权。

［仿国史馆例］

第四条　国立档案馆直属于行政院，受行政院之指挥。

第五条　国立档案馆置馆长一人，简任，总理全馆事宜。

第六条　国立档案馆于馆长之下设置总务、收藏、流通三处。每处设处长一人，荐任。

第七条　国立档案馆于总务处之下设文书、会计、事务三股，股设主任一人，掌理本馆往来文书、出纳银钱、大小事务等事宜。各股之下视事务之繁简录用股员。

第八条　国立档案馆收藏处之下设征集（典收、清查、登记）、编目（分类、编目等）、典藏（装订、修补、储藏）三股，分别掌理典收、清查、登记、分类、编目、索引、装订、修补、储藏等事宜。

第九条　国立档案馆参考处之下设流通（出纳、阅览）、参考（参考、图书研究）、编印（抄录、摄照、编辑、印刷、出版、发行）三股。股设主任一人，委任股员若干人。分掌出纳、阅览、参考、图书研究、抄录、摄照、编辑、印刷、出版、发行等事宜。

第十条　国立档案馆应于每年开始前一月内造具下年度事业进行计划及经费预算书呈报主管机关查核备案。

[①]　手稿原文此处仅有章名"第二章　国立档案馆组织规程"，小节名为编者根据整理所需而添加。此节原文中"国立""国家"均有使用，多数为"国立"，但又有毛坤圈改为"国家"的痕迹。为切合毛坤撰写时的原貌，此节照录圈改之前的文字。——编者注

第十一条　国立档案馆应于每年度终了后一个月内造具上年度工作报告及经费决算书呈报主管机关查核备案。

第十二条　国立档案馆经常费分配之标准以薪工占百分之五十，事业费、购置费占百分之四十，办公费占百分之十为原则。

第十三条　国立档案馆创办经费之分配及设备标准另定之。

第十四条　国立档案馆馆内之一切章程及办事细则由馆长定立，呈准主管机关备案施行。

第十五条　国立档案馆应备各种财产目录、阅览记载及其他表册以备查核。

第十六条　国立档案馆每日工作时间以八小时为原则，例假及寒假、暑假得采次日补行办法。寒暑假期得分职员为两期更番休假，每人每年以不超过一个月为准。

第十七条　国立档案馆于必要时得呈准设置专员或录用雇员及技师。

第十八条　国立档案馆于必要时得呈准向各机关调用各项专门人员。

第十九条　国家档案馆内设国家档案管理委员会，国家档案馆馆长为当然委员并兼任该会书记，其委员人选由国民政府指派历史、行政、图书、博物、档案等专家任之。管理委员会规程另定之。

第二十条　国家档案馆每月应开馆务会议一次，馆长以下股长以上一体参加，商讨全馆工作进行事宜。馆长主席，文书股股长为书记。

第二十一条　各处股得于一定时间内召开处务股务会议，商计各该处股工作事宜。事关两处股者，得开联席会议，均可请馆长或处长参加指导。

第二十二条　国家档案馆得接受各文化机关及他种团体或私人之补助，并得接受材料之赠予或协助。

第二十三条　国家档案馆为工作之便利及事业之发展，得与有关之文化学术机关团体商定合作办法，呈准主管机关实行。

第二十四条　本规程自公布日施行。（国家公布日期□前题目下。）

（二）国史馆筹备委员会工作

Ⅰ（a）国史馆官制草案

　（b）史馆标准法及登用法

（c）储材馆三种法规之制定

Ⅱ（a）调查档案

　（b）筹备档案总库

　（c）采访史料

　（d）筹备书库

Ⅲ（a）妥觅适当地址

　（b）预备房屋设备

Ⅳ（a）编纂史例

　（b）纠正《清史稿》纰缪

　（c）编纂《中华民国史长编》

　（d）编纂会刊

（见1929.9.29《大公报》渝版。）

三十年四月，八中全会议决案有：《请国政府令所属机关为档案送交国史馆保藏》。

《三十年来国史馆筹备始末记》：逸雪著，见《史彝》三卷八期渝版第二号，述国史馆历史甚详。

廿三年春，国民政府有重设国史馆之议。行政院曾建议两项：①已可公开之档案，委托学术机关整理并搜索史料；②未到公开时期而不专属之任何机关或现某机关而堆积不用之档案，设国立档案库直隶于行政院分类庋藏。五月，行政院又议决办法四项，呈奉令准通饬照办。其第三项为"中央及地方政府暨其附属之机关并公共团体所有档案卷宗，均应每年登记一次，呈报上级机关封送国立档案库存查"。虽法有此命，但迄未见诸实行。

（三）省档案管理办法

绪　言

美国图书馆协会1936年出版一书名《公档论》（*Public Documents*），乃1936（年）该会开会时宣读之论文集，由库尔曼（A. F. Kulman）（公档委员会主席）编辑者。其中有牛桑氏（A. R. Newsome）之一文名曰《美国各省档案管理法》（*The Status of Archival Administration in the American States*）。兹摘其要点如下：

联邦中央政府无一定之法以管制之。各省几均有自订管理省档之法，其间各自为政，差异颇大。管理制度固然重要，但管理之人尤要。而省档管理制度又必有省法以定之。

1.美国省档之管理约言之有三类

（1）凡有十八省无明文规定省档应如何集中管理，档案各分存于原机关，有时省府秘书长为合法之省府及全省档案之管理人，但无专官以理其事，如Arizona、California、Colorado、Florida、Idaho、Montana、Nevada、North Dakota、Oregon、Rhode Island、South Dakota及Wyoming各省即是如此。Kentucky省之档，省秘长有一档案室，全省之档可送致之或由其转交省史学会。Oregon省省秘处之档为安全起见亦渐交省史学会保管。Louisiana省之老档则交省博物院保管。Maine省学术机关及大学之老档则交省图书馆保管。惟California及Massachusetts二省则于省秘厅下设有档案股以管理全省档案事宜。总之，此十八省对于省档之管理无甚进步及成绩之可言。

（2）凡有二十省系得各省属机关之允诺集中老档（centralization of noncurrent state archives）于一省档案局或代理机关管理之。Connecticut、Texas、Virginia三省以省图书馆为代理机关。Kansas、Minnesota、Nebraska、New Mexico、Ohio、Oklahoma、Utah及Wisconsin八省以省史学会为代理机关。New York、Pennsylvania、Tennessee三省以教育厅为代理机关。Georgia、Illinois及New Hampshire三省以省秘书厅为代理机关。West Virginia则以省立大学及省长为代理机关。Washington则以事务管理厅（department of business control）为代理机关。大抵言之，在此二十省中，省官厅可移送全部或一大部档案于省储档处。但Kansas、New Mexico、Oklahoma、Utah及Wisconsin数省则只限于非法定必须存于原机关之各档始能移送。在Virginia省则只能移送1790年以前之档。在Ohio则省长对于每一移送之档必须批准，方能移送。Pennsylvania对集中档案之规定殊不确定。Nebraska及Texas二省收集档案之职务则付之于省Custodian。Virginia省省档保管处得请求省内各机关将1800年及其以前之档案借归影印，然后以副本一份及原档归还之。

Kansas、Minnesota、Nebraska、New Mexico、Ohio、Oklahoma、Utah及

Wisconsin各省有一自治之历史学会，以代理省董事。Texas之管理档案之行政责任由省长委任之一委员会负之。Virginia则由教育厅委任之。Indiana、New York、Penn.及Tennessee亦然。Georgia、New Hampshire、Illinois则省秘书厅委任之。Connecticut之委员会则由省议会选举之。Washington省则由事务管理局任之。West Virginia则大学及省长任之。在此二十省中，档案保管代理机关所行之集中及保管之程度各省不同。大抵Connecticut、Illinois、Minnesota、New York、Ohio、Virginia 数省成效较著。其余多为兼任及政客或外行，其注意多存于其自己之事业中，如图书馆、博物馆等，而于档案往往忽视。大抵政治之管辖不及职业之管辖耳。

（3）凡有十省所行之档案管理制度为集中全省老档（noncurrent state archives）于一独立之省档管理处。在Alabama、Iowa、Mississippi三省，特设一厅以管之（a state department），在Arkansas、Delaware、Maryland、Michigan、North Carolina及South Carolina六省则设省档管理委员会（a commission）以管理之。在New Jersey省则设省档局（a public record office）以管理之。在Delaware、Michigan、South Carolina三省集中档案之权全付之于省档管理处（The State Archival Agency）。在Iowa则由省长官（state official）指挥移存档案之事。但在Alabama、Arkansas、Maryland、Mississippi、New Jersey及North Carolina六省则仅由省长官于移存之时加以核定而已，而Maryland省则较早之老档则由地政局（Land Office）审定，其余由档案委员会办公处（The Hall of Records Commission）为之。

此十省中独立档案管理处之行政首长受制于一无给①制之董事会（a small nonsalaried board），董事任期普通均为六年以上。在Alabama及Mississippi两省，此等董事会系永久自存（self-perpetuating），经参议员之认可者（senate confirmation）。在Iowa及New Jersey两省则全部或大部分由省中官吏组成之。Maryland及South Carolina两省则为过去之教育机关首长。Arkansas、Delaware、Michigan及North Carolina四省之董事则由省长委任，任期甚长，又可连任。

---

① 即不领薪水。——编者注

在此十省中档案管理情形，凡行政、设备等方面彼此仍相差甚大。惟除New Jersey省外，其余各省对于省档之集中管理一点，行之相当宽广。尤以为Iowa、Mississippi及North Carolina三省为最。

2.省档与县档（或称地方档案）

县档案余于后当另讨论之。美国多将counties、cities、towns and other political subdivision of a state与省档一并讨（论），由省档管理处一并管理之。故牛氏特提出省档与地方档间之问题，及地方档是否应归送于省档库之问题。

3.老档年限之规定

移存老档常因规定之年限不同而起争执。1935（年）Indiana省曾组织一五人省官委员会，讨论省之事务历史档案并决定何者为三年以上者应行销毁，何者应移归省立图书馆，何者应保留省之各机关中。Delaware则非七十五年之省档不移存于省档库。Iowa则须不用而在十年以上者，Kansas则不用已有三年以上者，Utah则为十年，Michigan则为三十年，Virginia则须在1790年及前者，New York、Wisconsin五年，Nebraska二十年。

4.老档档库之保管与整理

老档档库之保管与整理大有赖现行各机关档案室管理制之改进，最要者当以法规定新旧档管理之法。

5.管档法规

（1）Arizona、Arkansas、Indiana、Missouri及Montana各省均已有管档法规，但无机构以执行之。Maryland及New Mexico二省则于法规之外并企图努力实行之。Pennsylvania则由省立图书馆代教育厅执行监督一切档案改善事宜。Massachusetts、Delaware、Rhode Island、Connecticut、New York、New Jersey及North Carolina各（省）法（规）既完备，又有相（应）执行之机构。

（2）公档（Public Archives）之定义于Mass.、Rhode Island、N. Y.、N. J.、N. Carolina、Iowa、Indiana、Maryland及Washington各省之档案法中均有规定。

（3）凡有公档之机关，即应有法定档案室，由其机关之长官负责。

（4）Mass、Conn.、N. Y.及Del.各省之档法中均规定须用durable paper & ink以制造档案，书写文件。

（5）档案室应使其档案便于应用，并供应certified copies，□经过省档馆鉴定之文件与原档有同等之价值。

（6）Mass.、Rhode、N.Y.、N.J.、N. Carolina、Arkansas、Missouri、Montana及N. Mexico各省规定，官吏交卸须将档案全部交与下任官吏，并规定必须将私人保有之公档还诸公家。

（7）Mass.、N.Y.及N. Carolina之档法□规定binding repair档案并抄录残缺破败及难读之档案。

（8）各省均规定偷窃、abuse及毁坏档案以刑罚，但Mass.、Conn.、N.Y.、N.J.、N. Caro.、Indiana、Cali.及Montana各省则规定非经法定之官吏及机关之批准者，档案不得销毁。

（9）Mass.、Rhode.、Conn.、N.J.各省均规定，公档应储藏（于）不易燃烧之储藏处。

（10）有数省皆有管档监督之人或机关。譬如，Mass.有一监督由省秘书长取得省长及省议会之同意而任命之。Rhode Island有省档委员（state record administrator），即系省立图书馆长，由省秘书长任命之。Conn.则有一省档核查员（examiner of public records），由省图书馆长任命之。N. Y.则有监督，即教育部档卷司司长。N. J.则有省档局局长。Del.则有档委员。N. Caro.则历史会，Pennsylvania则为省图书馆。此等监督有检验、监督、指导、报告其管理状况，及执行省档法之权。不遵命令及法令者得依法处罚之。

（11）徒法不能以自行，但法令总为改进之初步与根据。若求于法无恨（根），须官吏、智识之士、图书馆家、历史学者、法律家及热心公益之市民为之拥护施行耳。

（四）省档管理规程

1.省立档案馆

（1）余于《档案经营法》中212条谓："全省档案处，直隶于省政府。全省各机关之老档概行送归管理，每到一相当时期，全省档案处应将所藏档案目录，送呈全国档案管理处备查，其中某部分档案如果自愿送归全国档案管理处管理者，或全国档案管理处欲全省档案管理处将某部分档案送归由其管理者，

彼此可自行商酌解决之。"213条谓："其他机关之老档，依其隶属之关系送归全省档案处管理，如省商会、省农会、省党部、省立大学、省立图书馆、省立博物院以及其他有全省性质机关之老档，均送归全省档案管理处管理。"

（2）省立档案馆属于何人管理。

一九三八年美国档案协会（The Society of American Archivists）开会，其会长纽桑博士（Dr. Albert Ray Newsome）曾讲演一题曰《统一之省档法令》（*Uniform State Archival Legislation*）于*The American Archivist*中发表。后于会中组织一委员会专讨论此事，结果草成一法令。其中谓美国有（截至一九三九年）三十三省（或称州）有Official State Archival Agency。其中有九省均系将管理之事直属于对于档案并无特殊关系之机关下，或直属省府秘书长，或直属于省长个人，或于省教育厅，或于省事务处。其余二十五省则皆成立独立之管档机关，或属于省立图书馆，或属于自治之历史学会，或属于省立大学，或独立之历史委员会或档案委员会。此种档案机关之行政首长则由一人少且不支薪之董事会推举管理之。此项董事会，自行永久存在，或由各种历史学会推举卸任之教育家、历史家及其他行政长官为会员，或由省长任命之。

（3）各省情形不同，管档之法容或可以大同小异。但每省必须有一官立之专管档案之机关，行使收集、保存、处理该省之老档（noncurrent state and local records）之权，使档案置于能干而曾受训练之人之手中，延长档案之生命，发挥档案之效用，使档案处于可能之自由状态中而不受政治及外部之影响。行政院于国立档案馆之外应规定管理省档之法令（并）公布之。余以为省立档案馆应与省立图书馆及省立博物馆平行，直属于省政府教育厅。定立一省立档案馆组织法，而另由省政府教育厅聘任组织一名誉无给永久之全省档案管理委员会筹商辅助全省档案之一切保管事宜。

（4）保存处理全省档案应注之点。

2.省档管理规程

第一条　省档范围与意义（Definitions）。

省档包含：所有写本或印本之书籍、文件、信札、打口门[①]、地图、活动影片、其他照片、留声纪录片，以及各种形式之记载。根据省定法令而制成者或收到者，省立机关在公务进行处理中所制成或收到者，为该种机关所保存或特求保存为档案之用者。省中各机关之档案受省政府之管理。所谓省属机关指全省之行政的、立法的、司法的行政官吏（机构），行政上之各厅局、各处所、各部股、各委员会，及其他属于全省之机关，及各县各市及其他机关中之各部分。公务机关及公务员包含全省的及属于省的各机关及人员。

第二条　制造及保管（Production and Custody）。

省属各机关在其行政进行中，可以制作及保存其文书与档案，而省属各机关之首长即为该机关档案之合法保管人，亦即该机关档案制作及保存之负责人。各公务机关有权用照相方法记载或誊抄档案。其照相方法若经省立保档机关之准许，而可清楚、准确以记载或誊抄档案。

第三条　文书用纸（Paper）。

所有公务机关档案文书用纸须用坚韧耐用之纸。所有用以制造（Making Photography Records）档案之材料须用可以耐久之物。此种材料纸张之质色形式总以能制出耐久之档案为尚。省档案馆有权制定样式种类，而以之公布使各机关采用。各机关只能采用此种审定之材料为制造档案之用。若某机关不用规定之纸以制作档案者，处以百元以下之罚金。惟在未规定以前所购之用品仍可应用，以用完为止。

第四条　墨水（Ink）。

公务机关用作制造档案用之墨水、打字机、带子、炭精复写纸、印胎印泥及其他之书写工具，必须坚固耐用，省档案馆应规定各种文具之格式，并应审定各机关用之墨水、打字带、复写纸、印泥，并且非经审定合格者不能用之于公文档案。凡各机关官员不遵用规定文具者，处以百元以下之罚金。但在此法令未公布前所购订之文具得用尽之，用尽之后即不准再购未经规定之文具矣。

第五条　保管档案之避火设备。

---

① 即"document"之译音。——编者注

省档案馆应拟具（或规定）保存档案之避火设备之标准。省内各机关亦应尽量遵照省档案馆之规定设置避火藏档之房库（Fireproof Filing Facilities）。

第六条　档案应尽量设法使其易于供人之应用，无特殊之限制与为难，除非法令明白规定者始加以限制或收费（Availability）。

第七条　法律上之证据（Legal Evidence）。

凡根据原档重抄或影印之本，欲证其与原档有同等之效力，管档官须用其官印钤过或其附件批注说明。自原档机关依法移送档案馆之副本，经档案馆长审定钤过官印者即与原档在法律上有同等之效力。

第八条　失毁档案之重办（Re-execution and Re-Recording of Records Lost or Destroyed）。

第1款　公档如有全部的或部分的损失或毁灭者，省高等法院受当事人之请求及出资，得传集有关各方面审问供述，重新记录鉴定生效。

第2款　省中人民出资，依省高等法院之决定，在决定六个月之内，请求省最高法院重造或请求不要重造失毁之档案，并请求省最高法院鉴定省高等法院所鉴定之重造档案。省最高法院中之审理可正判或反判省高等法院之判决或鉴定。

第3款　依法重造之档案与原档案有同等之效用。

第4款　若一判决案，批判书、地券、契纸、婚书、发票、账单及其他文约失毁时，亦可重造，但须凭证原来之有关之当事人（官吏、律师、证人及两边当事人等）为之。原件失毁与新件尚未重造时之效用问题，本条不事规定。

第5款　若原件与重造之件均失毁时，须要时亦可重造，但亦须凭证有关合法之当事人为之，而与原件有同等之效力。

第6款　以上各款所谓档件之重造不包含现在及过去正在诉讼中之件，因彼种情形各级法院自有其审判之权利也。

第九条　档案之移交（Delivery to Successor in Office）。

凡省中各机关负责人于其交卸时或出缺时，必须将其所管该机关之档案正式点交其继任者，由继任者出具正式收据为凭。后任者或省长得要求省中各机关之负责人交出档案。若逾十日尚不肯交出，得向官厅法庭控告之，处以五百元以下之罚金。

第十条　收复公档（Recovery）。

机关长官为该机关之管档负责人。若其机关之档案有散出者，得由该机关之长官或该地人民以书面通知该项散出档案之保有者，请其交出。若三十日之内不加办理，可提起控诉，法院收集证据，不足者，被告无罪，否则令当地军警搜查。如其中有公家档案即须追还公家，而处以二十五元以上百元以下之罚金。若其保有之档案有故意毁乱时，处被告以百元以上五百元以下之罚金。

第十一条　裁撤、缩小及移并机关之档案（Records of Default，Reduced or Transferred Angencies[①]）。

省中机关有裁撤者，其档案移存省档案馆。若移并者则其档案分别移存于其所移并之机关。若发生问题时，由省档案馆商酌有关之各机关决定之。

第十二条　档案之保护（Care of Legal Custodian）。

公档之每一合法管档人应留心保护储藏之，勿使其毁缺残佚。应以公款修补装订公家文书。若有零乱、破败、风湿等情形，应以公款重抄鉴定，其所重抄鉴定之档案与原档有同等之价值。若管档人不依法而擅自移转、偷窃、变卖、遗弃、改变、伪造、污毁、残害、伤损、销灭档案之一部分或全部情节，或准人作以上之事者，将处以一年以内之徒刑，或百元以下之罚金，或二者均罚。

第十三条　非管档者对于档案之舞弊。

管档者以外之任何人，不依法而擅自移转、购买、窃偷，有意变更、伪造、污毁、伤残、破裂、销灭档案之全部或一部者，或与人共同行为者，处以一年以下之徒刑，或千元以下之罚金，或两者均施。

第十四条　无用档案之处理（销毁）（Disposal of Useless Records）。

凡各机关觉其无行政上、法律上或历史上之价值之档案，各机关须编制清册交省档馆审查，许可后或移存于省馆，附详细目录，或销毁。省馆亦有权随时规定各机关应移应毁之档案之权。凡非依此条所定，档案不得销毁。

---

① "Angencies"疑为"Agencies"之误。——编者注

第十五条　处罚（Penalties）。

凡无别条规定而官吏有拒绝及玩忽保护档情事，处以每月（犯事之月）二十元以下之罚金。

第十六条　省监督（State Supervision）。

省馆长或其代表有权入验省各机关之档案，而报告其管理情形。对于省各机关之文书制造、处理、保管有权监督，并使各档案室照省府所定档案法行事。省档馆有权用其必须要用之职员以便实现省档法之所规定者。

第十七条　档案之集中（Centralization of Public Records）。

省档馆有权处理和解决各机关档案之转移、迁徙诸问题。任何行政官吏或机关，其档案已无用者可移存于省档馆，省档馆不得拒绝而须乐于接受并保管之。惟须作一较详之目录彼此保存之。

第十八条　此法称为《公档法》（Public Records Act）。

第十九条　凡与此法抵触者均无效。

第二十条　此法所定均视为独立分离者，如某一条不合法时，其余之法不受影响。

第二十一条　此法自通过公布之日起生效。

（五）省档行政中之几个问题

（Some problems of state archival administration Indiana Historical Bureau之 Christopher B. Coleman氏所撰。原文载（The）American Archivist四卷三期，1941年七月号。）

（此文凡分廿七段，无子目，兹为之添注子目，以便观览。）

1.撰拟本文之动机及其范围。

2.印第雅拉（印弟安纳）省省档管理略史。

3.省档馆之建筑。

4.新建筑之情形及管理人员之状况。

5.管档者之训练问题。

6.管档人之资格及应具之条件。

7.省档部与其他省政部之关系。

8.省档应属于省秘书厅管辖。

9.省档馆之独立及与其他文化机关共立。

10.储档之地位问题与档馆之分建。

11.档案之移转与销毁。

12.档案委员会之组织及其职权。

13.省档法之建立及其内容。

14.执行档法之经验。

15.档委会执行档法之困难。

16.行政者与用档者之一般教育问题。

17.老档之混乱状况。

18.老档之混乱缺佚状况举例。

19.混乱状况下档案处理之困难。

20.储藏空间之经济的利用。

21.延长档案之生命。

22.省行政组织之变更与档案之分合。

23.寻求某指定之零件档案者最多。

24.原档若太无系统不便寻求，可以依便检便用原则排列之。

25.为寻档之故，应有：①登记目录；②档架目录；③分类目录；④临时索引。最好有一系年要录。

26.需要省机关史及省档史。

27.此不过就个人所想到之几个问题。

省档行政中之几个问题

（Some problems of state archival administration Indiana Historical Bureau, Christopher B. Coleman. 原文见（*The*）*American Archivist*, 4:3, 1941, 7。）

1.撰拟本文之动机及其范围

此文本自个人经验而作，恐不能包括一般省档情况，但印第安拿（纳）省之省立图书馆内省档情形，由此可见其概。此文之主要动机，在欲对于常以调查表索余填寄者，作一总答覆（复）也。

65

2.印第安拿（纳）省省档管理略史

远在106年（1835年）以前，本省即有省档部之组织。其时各机关档案未行集中，而散置于各机关中。于1906年，在省图书馆中开始成立历史档案部。至1913（年）以及1925（年）且于省图书馆法规中特别规定历史档案部在省图书馆中应有之地位。是时省立图书馆，仅占全部省政府办公厅中之一间房屋，历史档案部更为其中办公室之一而已。此外尚有破门之档（书）架一乘，及保险柜一具，以为贮藏档案之用。在如此情形之下，自不足以言档案管理。圕馆长亦只就各机关送来不用之档案而收存之，或发现何处档卷已在损害状态中者而收归保护。如是便云尽其能事，其他均不堪论及。

［桌台］

3.省档案馆之建筑与保管

印省当局曾尽力鼓吹，以建立省圕，对于保存档案，亦遂同时列为宣传标的。至1929年始经议会通过，准予征税拨建省圕及省档案馆。

4.新建筑之情形及管理人之状况

1933年新建筑已告完成，档案部占有大办公室、阅档室及藏档室各一。藏档室分上下二层，另有顶楼一，及地下贮藏室二（一为170×33方尺，一为63×34方尺[①]），仍称为历史档案部，由Miss Eu.□□□□[②]负管理之责。其初将历来档案迁入新建筑中，亦皆伊一人之力。并聘专职人员，经营日常管理。该部地位重要，于1937年正式成为省圕重要部门之一。

5.管理者之训练问题

自1937年始，有一人主持管理，另有助手一人，书记数人，助理员数人，然皆缺乏经验、从未经受训练者。此一问题，甚为重大。同时即凡可供作参考教育之档案论著、档案杂志、档案指南、教科书以及其他出版印刷之件，均极罕见。但自（The）American Archivist刊行，有助于档案界甚大，此余实深为感激者。

6.管理人之资格及应具之条件

虽有少数档案刊物与档案书籍之刊行，但以毫无经验与训练之人，处理重

---

① 此两处"方尺"疑为"方呎"之误。——编者注
② 手稿原文此处为空白，经查英文原文后确认全名为"Miss Esther U. McNitt"。——编者注

要档件，仍是困难。故吾人须下决心，努力奋斗，务使管理人员必须经受相当训练也。

管理人应有之条件与资格，除一般所当有之良好品格、健全体魄、广博学识而外，更须有：①对于历史及政治科学有相当研究，若能与所在地历史、政治亦有研究，更为适当；②至少必须受过圕教育者；③曾有档案服务经验者。

至于将习政治历史者及习圕教育者相比，究何者档案管理最宜？余尚未能论断。然若具有档案经验，必能胜任其事，则余可断然自信者。盖欲同时兼具两种资格，为事实所难得也。

7.省档部与其他省政部之关系

省档部与省政部之互相关系，余尚无深刻之研究。然究有何关系，总系一可讨论之问题。当省档部尚未独立以前，以之附入省圕，自可互受其益，否则二者分开，则徒然同受损害。故省档若最初即未入圕而存放他处，恐结果必恶劣于今日。推而言之，当档案馆未独立之际，而令省档专管独立，必无良好成绩也。

8.省档应否属于省秘书厅之问题

使省档部统辖于省秘书厅之下，本甚合理，因省秘书厅主要任务即在掌理全省机要文书，此一要义，每易为人忽视或忘却。

9.省档部应独立，抑应收各部档分别与其他省政部门合置？

欲究可否与（其）他机关合立，可依下列数项原则为准：①是否重视档案？②热心档案管理否？③所采之法，确否便用？④机关是否常生变动？

10.储档地位与档室之分建

建筑问题，不惟发生于未建之前，即建筑以后，亦无日不有问题。档案须有专馆储放，自无庸议。然此仅系理想，目前或不久将来殆难以实现。事实上，今档案部门均多在其他机关管束之下，再徐谋独立。此亦不失为可以遵循之法。

房舍为建筑储藏之中心问题，今若干机关之档案，即令其全部室舍充作储藏，亦有不敷应用或不适应用之困难。论者对于建筑物、圕及档案馆，均多注重美观，然余可信将来档藏建筑之趋势，当至少分建二层：一为办公处所及放最常用之档；一为专放次要不常用之档。此处坚固防火，不求美丽。

保险公司每为建筑作特殊设计，如哈佛大学在Cambridge乡村特修专馆以藏

不甚重要图书；波斯（士）顿州立图（书）馆亦仿此法，于市区远僻处，建储藏防火之所，将原作典藏地位空出，以作办公室及放置重要图书。

11.档案之迁移与销毁

若干年来，即讨论如何迁移或销毁档案之问题，迄今犹无确定解决之法。即此事执行，应由制档机关之本身，抑由国家档案行政机构，抑由其他第三种机关亦不能决定。

另一问题，为省档处管理范围，是否可及于市县乡镇？此在印省初呈混乱状态，至今更为复杂，不易处理。当省圕开始成立办公，而通知省政机关将不用老档送归保管，以致档卷源源涌至，充屋塞栋，其中档件固大部已无价值，或当根本予以销毁者也。

12.省档委员会之组织与职权

为救济壅积之档，由省议会议决组织省档委员会，筹划善后之计，由省长、秘书长、会计长、省圕馆长、历史局局长等组成之。其权限为决定下列三事：①何种档案有行政公务之价值？②何种档案无公务价值，而有历史价值？③何种档案既无公务价值，又无历史价值，而应予以销毁者？除此又有三项权能：①将第一等材料移于省圕档案部。②将第二等材料转移省圕。③将第三种材料转移于（付诸）炉火或废纸收集者。

13.省档法之建立及其内容

省档法中规定省档委员会有指挥之权力，可以建议移转销毁之办法，并不须另成立独立办公处所，作实际移转销毁之工作。余本经验，以为此法殊为聪明得当。遇有机关请该会协助一切，该会自可代为解决一切也。省档委会真正作用，在抑止无用档案源源再来，以免使省档部无法应付，同时并负责审核各机关档案销毁，必须确合乎规定，不使任意销除档案，令各机关皆明了其档案之使命与保留之价值。因档案：①为永久真实之记录；②为官员及行政中最重要之参考与指南；③为将来一般人民与此档案有关者之参考及④可作历史上之资料也。

14.执行档法之经验

自余为省档委会秘书以来，常常函致各省政机关，尤其为机关组织变化之际，切实先以省档法规及注意之点，每多有味之覆（复）件，回信中或责余有为难之意，或详列其自己管理情形，称言可保证与余合作，有骄然自得之意；或致余函于不答，而自行任意销毁其档件。故目前及短时之未来中，对于加害残略档案者，尚无惩处之办法。

15.档委会执行省档法之困难

华盛顿国家档案馆人力财力视他处为优，其管理自亦较他处为完善，然犹可发现城区若干重要档案流散在外，未得档案馆收集。可知一省档法非易于推行之事。又仅持片函张表以为调查，实多不能满意，尚须常派专员，亲赴各处实地采访亲察，往往无用档案得获保存，而有用档案反为摈斥也。

16.行政者与用档者之一般教育问题

论及档案问题，不可不涉及一般的档案教育问题。今日不惟行政负责人及档案管理人应知档案教育；即一般青年，将来亦将作官服务者，均当了解档案之知识。欲冀档案教育普及深入，除利用宣传、函件等法，恐难致实效外，更须利用亲自访晤、当面会谈、密切接触等手段，以求遂推行之目的也。

17.老档之混乱状况

若干档案经过原机关长期漠视及不良管理，搜集到手，至为散乱，或有目录，而已遗失，或从来即无目录；或田赋卷杂入壮丁卷中，或修堤卷混于教育卷内；或无用之档，置于高阁，无人照顾，或有用之档，业经摧毁，不有留存。

18.老档紊乱状况举例（从略）

19.紊乱状态下档案处理之困难

在紊乱情况下，处理档件，何者当存，何者宜毁，实多困难。此难题由归档委会解决。其法即例为请原机关档案负责人与档委会开会商决之。大多仍据原档机关负责者或代表人之意见而定。委员会不过为参与计议之审计员，参与其中为之顾问而已。此非完善理想之方法，但目前则以之为唯一可行者也。若能请立法委员，共同会议，当更有效。

20.储藏空间之经济利用

如何利用空间为最好之方法，最合经济，真是一个严重难解之问题。各部档案应行集中，勿使分散，已为一般人所认许。但须若干地位，不易决定。因档案形式不齐，排列多费空间，用活动箱柜，利于迁移，此法近人倡行甚力，

但实施者尚少。欲求地位经济，最好散页与册子分放，分类排列则仍使一致。册子放架上，单页零纸置于单个可以搬动之档柜中。

21.延长档案之生命

散档欲使久存，可用立排法，排放特制封套内，封套不使生化学变化，此法甚费。据经验得知多处无封套，用者触弄档件，致易损坏。吾人思用标准之纸、墨、笔及复写纸。今日档案长稿多系劣质纸张，有人主将好纸留作保存，而将底稿发出，事实上难于通行。

22.省行政变更与档案之分合

依照新法令，各机关规定之档，须送省圖档案部，档案家认为是好现象，但亦有短处。今档案多依行政组织之各处所排列，然组织常变更，故须用索引补救。又寻求单件档案之人，人数最多。

23.寻求单件档案

欲调用某一时代之全部档件者，尚未之闻。平常所见，多为查阅零件。故管理人当竭力注意每件档案在极方便之原则下运用。

24.原档若太无系统，可以用便于检取之法则重行排列

送来档件，自应依有关各件次序排入，但遇有凌乱不全或无目录索引，则可凭理想分别散开排放，虽或不合于原档，但检取为便。

25.档案系年要录

欲便寻检，应有：①登记目录；②档架目录；③分类目录；④临时索引。

最好有系年要录（Calender），其功用甚大，现在尚不能制作。现在只能检出档卷在何处，而不能答覆（复）档件之内容，如WPA救振失业人才将其送入省圖中作1815年人名索引，虽不完备，但极有用也。

26.须有省政机关之沿革史

印第安拿（纳）省自经辟省，其经过历史之编著，功用甚大。省史局应负责其事，并可再编省政机关出版品一览等。本省档委员竭力搜求本省出版物，实非无故。

27.想到的几个问题

以上所举，系余想到的各种问题之一部而已。

（附：）湖北省政府（组织架构及分类）

（1）秘书处：总务、民政、财政、建设、教育、保安、司法、工商、交涉、编审。

（2）民政厅：总务、吏治、保卫、公安、卫生及禁烟、社会、土地。

（3）财政厅：总务、赋税、收支、审核、金融及公债、公产。

（4）建设厅：总务、路电、农矿、工商、水利。

（5）教育厅：总务、行政。

（6）保安处：总务、保卫、防御。

（7）市政、航政。

（六）县档案管理处

1.余于《档案经营法》212条有云："全县各机关之老档，均送归县立档案馆管理。每到一相当时间，县档案馆应将其所储之档案作成目录，送交省档案馆备查。其某部分档案欲送归或调归省档案馆者可自行酌定之。"213条有云："县农会、县商会、县中学、县党部以及其他有全县性质之老档，均送归全县档案馆管理。"214条有云："区、镇、乡、保、甲各公署或办公处及其所属机关团体之老档，归于全县档案馆。"此乃余主张全县老档集中管理之大概。

2.我国县制，自秦废封建行郡县以来，行之二千余年，根深蒂固。全国一切基本重要之事，无不经过或仰赖县署推行。民国初年，一县之司法、行政、经济、文化、军事，均集中于县署，故其公文档案少者亦汗牛充栋。而我国以农立国，人民不喜迁徙。数十百年之文件仍与其人民有密切之关系而时时调用。故县档案允宜独立成馆保馆（管）而不宜归送于省馆。

3.我国县政府内部之组织时有变更，与县政府有关之机关团体亦随时设置，废弃不齐。欲整理县档案者，如有近一二百年之档案，则当明了近一二百年中县政府之内外各组织。由既知之组织以区分已有之档案，或由已有之档案以推知原来之组织，而求合于"范档"之原则。兹将最近主张新县者所拟定之县各级关系组织图录之，以见一斑。倘能由此上溯而深究之，各时期图列之，则于处理县档案者为益当非浅鲜。

4.新县制县各级组织关系图（照另页写）（图2-1）。

5.县档案馆组织规程及管理县档规程，可参照国档、省档馆斟酌损益为之。兹就近来管理县政府档案之方法及分类略述之，以供参考。

6.本校同学程君长源撰有《县政府档案管理法》，商务印书馆出版。周君连宽撰有《武昌县政府档案管理法》。《行政效率月刊》上亦时有讨论县政府档案管理之法，诸君想已阅过。最近行政院县政计划委员会之《县行政管理办法草案》第二章为"文书处理"，列文数十条，表格数十种，大抵系根据时人之著述及各机关之办法，斟酌草拟而成者。因余为该会委员，得有该项草案，诸君可细阅而加以讨论。该项草案自系少数人或一二人之所草拟而供开会讨论之用者。其所列各方法，颇觉繁复。一般县政府未必能照样实用，于简明切要四字似尚未能做到。再对于县行政管理，当作全县久远之计。文书档案不应只限于县府中现行公文之处理。全县各机关之新旧档案，如何管理，亦宜略加论列。细查该项草案中所用之法，其特别之点为，于县政府特设总登记员，权大事多，似即所谓内收发者然，而性质又似较有独立性。

7.县档案之分类。程、周①两书中均各拟有一表。最近见孙大充《地方行政分类初稿》（铅印本），亦大部分为县档案分类之用，用十进法自100至900，其大要如下：

000为总类，分法规、条陈、会议、内务、人事、调查、统计、图书等纲。

100、200，备用。

300为民政类，分户籍、选举、政讼、卫生、救济、禁政、党团、外务、习俗等纲。

400为财政类，分捐税、收支、计政、公债、借款、金融、公产、交代等纲。

500为教育类，分高等、中等、小学、职业、师范、社会、文化、特种教育及经费等纲。

600为经济类，分土地、交通、水利、实业、粮食、合作、乡建等纲。

---

① 即程长源、周连宽。——编者注

700为警保类，分军政、兵役、保卫、警察、消防等纲。

800为司法类，分行政、民事、刑事等纲。

900为自治类，分省、市、县、区、镇、乡、保甲等纲。

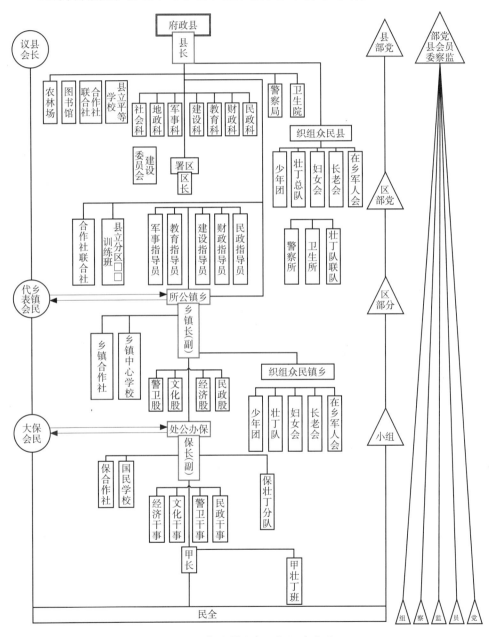

图 2-1　新县制县各级组织关系图

福建民政厅编《乡保公文简述》，其对于乡保档案为总务、民政、警卫、文化、经济五类，再分十四纲百零四目（其详另见），与上述之地方行政分类表皆系就现行之行政组织为标准所分。若从前之县镇档案，则从前之行政组织与今不同，其管辖事务之内容，当亦稍异，自当就其范档以推求靳（斫）合于当时之行政组织为是。

第三章　国家档案馆工作规程

第一条　本规程根据本馆组织规程第几条之规定订定之。

第二条　工作规程之目的在使本馆工作人员工作时有所依据并增加工作效率及便利考核。

第三条　本馆之服务范围以政府工作人员、全国学者及公众为主，并指导全国各机关档案管理之改进事宜。

第四条　本馆各部门工作规定如下：

（一）总务处

1.收发登记本馆公私往来文件、领发保管器具物资等事宜。

2.撰拟缮报文件及监盖典守印信等事宜。

3.编制本馆报告汇刊表册等事宜。

4.编制预算决算等事宜。

5.掌管经费出纳及票据账册等事宜。

6.登记及保管不属档案、图书、资料之公产公物等事宜。

7.购置物品，修缮房屋，除治庭园，栽培花木，布置办公室、研究室、阅览室等舍及一切庶务事宜。

8.管理本馆工役、警卫及交通等事宜。

［人事　福利］

9.管理本馆医药防护等事宜。

10.管理本馆灯水、炭火、饮料、伙食、邮电等事宜。

11.办理不属于其他各部之事项。

12.管理招待来宾、出外交涉等事宜。

（二）收藏处

1.征集、接收各项档案及与档案有关之文物。

2.办理本馆与各机关团体之档案交换及合作事宜。

3.整理各机关送来之档案目录。

4.办理本馆所获档案之登记、统计等事宜。

5.办理馆藏档案及其他文物之分类事宜。

6.编制馆藏档案各项目录、索引、说明、提要等。

7.办理档案之储藏、装订、修补等事宜。

8.点查检核全馆图书、资料、档案事宜。

9.办理档案之防潮湿、防毒虫、防水火、防空袭等事宜。

10.办理档案之选择销毁事宜。

11.办理藏档之搬迁移置事宜。

（三）参考处

1.调查全国各机关档案之情形并记录、说明、统计之。

2.辅助各机关档案管理之划一与改良。

3.办理本馆档案之阅览及流通。

4.举办档案人员之训练事宜。

5.发起参加或主持档案学会。

6.协助解决各机关档案阅览流通方面之问题。

7.管理本馆档案参考研究各事。

8.管理供参考研究所用之一切图书文物事宜。

9.管理对内对外之一切档案抄录事宜。

10.办理编辑重要档案事宜。

11.办理馆中关于档案之一切印刷、校对等事宜。

12.办理本馆印刷之档案及其他出版品之发行、交换、互借事宜。

第五条　本馆依人事规程考核各部分、各人员之工作，分别与（予）以奖惩。

（一）工作考核之标准：①数量；②速度（时限）；③质量（工确完满，

有系统、有组织、能创造等）；④职位（责任）；⑤环境等（人、地、时、事等）；⑥工作制度良否。

（二）不要单注重：①形式；②时限；③件数（量）。

（三）考核之方法：①定期与不定期之报告；②派员考验与视察；③调查有关人员；④自我考核（工作日记）。

第六条　本馆各部分之工作均应取得密切之连（联）络。

第七条　本馆各部分应备各项工作记录、统计等以备考核，如年月工作报告（工作比较表、工作进度表、工作分配表等是）。

第四章　国家档案馆人事规程

（一）国家档案馆人事规程一览①

[机构组织、职员选用、职位分级、薪给、考勤考绩、纪（记）录、训练]

第一条　本规程依据本馆组织法第（某）条制定之。

第二条　本规程目的在于使本馆事得其人（选拔训练）、人尽其才（分等分级）、事尽其功（调适效率）、功得其酬（考核）、同功同酬为目的。

第三条　本馆选用人员以政治清白、思想清白、贤能适事为主，经验、教育、训练并重，方法则调查、观察、审查、考试兼用。

第四条　本馆人员职位等级分馆长、处长（秘书长）、股长、股员、书记、练习生、工友各等。处长以下每等分为三级，共七等十八级。等以资格、学历为主，级以经验、年限为主，专门委员之等级渐（暂）不规定。

第五条　本馆各等级人员资格规定如左：

（一）馆长　大学毕业而受过档案管理学专门之训练并有若干年之经验特具组织行政之能力者，或研究院毕业而经考试认为合格者。

（二）处长　档案学校毕业、服务五年而有成绩，或大学毕业而受档案学

---

① 手稿原文此处仅有章名"第四章　国家档案馆人事规程"，小节名为编者根据整理所需而添加。——编者注

76

校训练二年者（总务处可略异）。

（三）股长 档案学校毕业而有服务二年之经验，并对于本组事务有特别研究者。

（四）股员 大学或中学毕业、受过一年以上之档案管理训练者。

（五）书记 高中以上毕业而受过相当训练或具相当经验者。

（六）练习生 由本馆收中学以上毕业生所训练者。

第六条 本馆各等级人员依国家所定简任、考任、委任等级定薪，但各等级间不可相差太大。

第七条 本馆各等级人员之待遇除正薪外，因地理环境（乡间与都市气候不良之地）之不同，生活程度之差异，以家庭关系、时间关系（工时长短）、工作性质关系（危险、干燥、污秽）等得给相当数目之特别津贴。

第八条 本馆各级人员有因公死亡、重伤或长期工作而亡故者，得按其等级之高低、服务期间之长短及受伤之轻重，并参照国家文职公务员恤金条例，给予相当数目之一次或分期之恤金。

第九条 本馆各级人员在馆服务十五年以上而年龄在六十五岁以上者，得请求退养。本馆按其等级给予退养年金。其数目之多少依其服务年数及最近五年内平均薪俸之数为比例定之。

第十条 本馆为谋各级人员之福利，应有食堂、宿舍、诊疗所、合作社、储蓄会、图书馆、进修班、体育馆、俱乐部等设备。

［补时间］

第十一条 本馆各级人员应依照规定之时间、地点准时到馆签到工作，不得迟到早退。

［假期］

第十二条 本馆各级人员给假分为例假、事假、病假三种。例假照政府一般机关办理。病假视病之轻重以医生之规定酌量给予。事假每年一并不得超过一月或四十天。

第十三条 本馆各级人员依其工作之数量速度、工作之本质（正确、美满、有系统、有方略、能创作、有组织能力及指挥才能等）及工作人员之人格

（勇于任事、忠于职守、俭以奉公、宽以待人），或是否迟到早退、是否无故缺席、是否贻误公务、是否品行不端等标准，每月每年而加考绩，给以分数，附以说明，以便奖惩。

［纪律］

第十四条 本馆各级人员依据每月每年考绩之优劣分别予以记功，给特假、加薪、升职，或告诫、申斥、记过、扣假、罚俸、降级、免职等之奖惩。

第十五条 本馆任用各级人员之来源有四：

（一）由有关之机关或私人保荐资格、学识合格之人经馆长同意呈报核准者；

（二）经本馆考试合格者；

（三）经本馆自行训练及格者；

（四）调用。

第十六条 本馆考试人员以笔试后再口试及格者为准，考试科目必须包含档案管理技术、历史、政治三方面，应考资格视所考何等何级、管理何种工作之人员而定。

第十七条 本馆训练人员除在操作中、宣释式及间接式之训练外，得设立专班或专校训练。其课程应具：

（一）档案管理技术课程。

（二）（一）之辅助课程。

（三）政治学课程。

（四）（三）之辅助课程。

（五）历史课程。

（六）（五）之辅助课程。

（附：）训练

个别谈话之训练。

操作式之训练：①熟练职员指导新职员；②监督员之施训；③特别教员之施训；④助手式学习之训练；⑤学徒式学习之施训。

学校式之训练：①公余读书会；②公余讲习会；③设班、设所、设校训练。

宣释式之训练：①报告式讲演；②出版品之宣传；③布告处训示。

间接式之训练：①职员俱乐部；②圈之成立；③展览会；④聚餐会；⑤参考；⑥郊游。

（二）欧洲训练档案管理者之经验

（European Experiences in Training Archivists）

（按：此文见《美国档案月刊》1941年正月号，乃Ernest Posner氏所撰，凡占12面，兹译其大意以供参考云。）

1.约一百五十年以来，哈尔氏（Hubert Hall）所谓之最麻烦之档案管理者之任用与训练问题，于欧洲各国档案行政上关系颇大。十八世纪之前九十年中，门斯大学（University of Mains）曾设档案学特别讲座。略后于1793年时法国国家文献学校（Ecole Nationale des Chartes）亦计划教授档案及历史之学。对于档案家之养成虽未有如何之一定办法，然经无数之试验、变迁及失败，档案教育究可从其中结论出一种普通之趋势与经验。

2.现在莫不承认档案管理人须于其受任前或受任后受相当之职业的特殊训练，但从前则以为不必如是，只须在大学中曾受相当历史或法律之训练者即可担当此项工作，再从其工作中即学得管理之方法。英国更甚，以为普通大学毕业生，只要于其初期工作中予以适当之指导即可成为一良好之管档人。直至1929年，官档局招书记，只要文职委员会登记，并不问其是否有专门训练之资历。斯坦普氏（A. E. Stamp）副馆长不过为1891年剑桥大学之数理科学生（曾发（获）第四名）。彼及其他新职员均在抄写档案、编辑长篇目录事而受老职员之指导中得到其管理档案之训练。此种训练之法是否合理，1910年官档局皇家委员会曾加讨论，但无甚变更，直至大战时各学术机关如官档局之类始觉曾受专门训练之人为合宜。自1929年后，官档局收职员须受学古学（Classics）或历史（History）者。在此制下学自然科学者欲入馆则不可能矣。但此种广泛之学识仍须渐缓中、工作中、在系统状态之下自修或受老同事之指导而得。英国

亦如欧洲其他各国然，并不事先训练馆员，乃提议于受任后再送大学中受训。但此议未经采用，故英国直至十九（世）纪亦如大陆各国用学历史之人为之。但管档之事除历史外尚须其他专门之资格。颇有无管档训练之人如马里亚斯（Marius）之流者，终日兀坐档案堆束手无策。亦有甚多之档案馆中，管理员为历（史）名家，然对于管档则仍为白象（White Elephant，烦赘之人，无用而费用巨大之人）也。

3.另一方面，颇有多数国家对档案管理人，未受任前予以训练者。如法国文献学校、德国之档史研究院、奥国历史研究院、意大利之档案外交文书学校，以及比利时、葡萄牙均有档案学校之设立。白眉士氏曾有文论及各校之课程（白眉士余亦将摘译）。白文之讨论有主要之点二：一曰应设档案学校于大学中或档馆中，二曰必须计划出适当合用之各项课程。

4.自历史眼光言之，此各种之档案训练机关可分两类：一类为法国文献学校式之训练，即为一研究院，教以历史学及历史方法论、各国历史，并同时训练档案管理员及图书馆员，训练档案管理员不过其数种目的中之一种而已。一类为德国大伦学校（Dahlem institute）式之训练，即原只为普通学术之研究，继乃加档案课程，后因需要乃发展为几乎纯全之档案学校。各国各省均需此项管理人才，故其内容亦日有改进。

5.此两类学校有一共同之点，即委用管档人员，必须为档案学校出身者。法国文献学校毕业生之出路因无一定之保障，故曾一度中断。后乃规定各历史档案机关新任人员非此校之毕业生不收，然后乃又开一新纪元。奥国考用管档人员非档案学校毕业生亦可投考，但实际非档案学校之学生实无能足以应考。普鲁士亦然，须用柏林大伦档案学院（Berlin-Dahlem institute）之学生。意大利则国、省档馆须有档校毕业生，其他机关保有档案远至有1870年者即须用档校毕业生管之。

6.各档案机关虽云非用档校学生不可，但档校则仍不一定全教档案课程。如法、奥、意各国档校均教授广泛之历史课程及其他辅科，只于其学生有特定之需要时始授以档案行政管理等课，譬如奥国档校1854（年）至1904（年）五十年中之学生241人，出校之职业：大学教授约占三分之一，档案管理员三分之一弱，图书馆员十分之一强，博物馆员三分之一弱。德国柏林大伦档校可谓各国档校中最重档案课程者，其课程亦多关于历史之研究者，而其学生之目的亦多有不在档案之管理（在）而将来学术之研究者。人多以为专为某小部门或某专门职业之训练颇不易长久维持，而骨子里似又有人以为档案学校不宜单独存在，而宜与较宽广之教育相连，否则将失却其标准。葡、比两国之档案之不能发皇光大，均不能透过于档案毕业生出路太窄与缺少。荷兰有名历史家胡新嘉氏（J. Huizinga）①曾谓不将历史、档案两学使之密切连（联）系而使档案训练与大学教育分开，诚一至大之错误也。

7.档校与大学之关联。如奥档校及法档校均各与其国京都大学合作，对于教员之聘请、课程之设立、学生之招收、校务之进行，仍有其相当之独立性。惟德之大伦档校与其中央档馆关系更密，其档校校长即档馆馆长，校址亦即在馆中，惟档校监督档校之权仍寄于国务部与学务部。柏林大学之教授在档校教书，保持其最高学术之标准而防止其降低，档校之教职员亦必使其与大学教职员有同等之学能以免学生批评。另一方面，主张档校应切实与档馆联系者亦颇盛行，法档校之史学教授于1897年迁移法档校于沙波泾时（疑此地为法档馆所在地）曾云："未有何种功课可以补偿继续不断处理档案之实习也。"普鲁士更甚，先读大学之若干课程，再由大学教授组成考试会，以档馆长为主席，后又还档科于档馆不用大学之人教与试，最后则档校仍在档馆而人员则大学人与档家人合用。

8.各档校与各大学教育之程度高低亦各各不同。各档校训练课程大都先教人文科学而继之以历史，法档校收文学学士入校研读，奥档校收大学二年级修毕学生，两档校均可于大学选课得学位。大伦档校则须大学毕业者，或为曾得历史博士学位者，或为经过历史及德语考试及格者，或为有大学教员之资格者。故大伦之所教乃为"后博士性"之教，法、奥则为"大学毕业性"之教，其他各国亦多"大学毕业生性"之教育。海牙档校则受训者不必大学毕业，待任要职时则须有学位。荷、葡档校则甲等班要学位，乙等班只收高中毕业生，

---

① 今译"赫伊津哈"。——编者注

人称之为杂羽鸟或花斑鸟者是也（birds of a very spotted plumage）。对于此等学生另有特别考试之规定，须考档案经营法、古物学及荷国之历史及政治组织等课，档生之分为高、低两等者因各档馆颇有甚多之档案须待整理。整理之人不必有甚高之学识，只须有适当之指导、监督即可从事工作也。俄国近来亦采此种"中级干部工作政策"（middle course）于档界，收高中毕业生与（予）以最切实之训练，而加以严格之试验然后甄用，大伦档校之博士性之教育，欲普遍行之殊不可能。

9.训练既有大学性与博士性之分，其课程亦自有其不同。法、奥、意各国之档校之偏于博学性者之课程亦自与大伦档校之偏于专门性者之课程亦自不同。法、奥档校之训练课程大抵偏整理中古时代之古档之方法及与其有关之学术语言文字。其中虽亦图书馆学、宪法史、行政史等之设立，但不十分重要。奥校有经济史一课，法校则无之。法校之重中古，颇有人批评之。如阿纳氏（A. Aulard）评之曰："该校只知重中古档案管理之法，学生毕业亦维（惟）知此，而今日档馆中近代档案甚多，胥不能处理，对于近代政治机构历史毫无所知，全须重新学习。"但该校中，中古史教授纳提氏（F. Lot）则谓近代档案之分类处理远不如老档之困难，以为辩护。其他亦时有反对阿纳之说者，施米特氏（Charles Schmidt）则谓法国应设法重视保存事务档（Business Archives），主张法档校应于1926年起创一新证书——近代档案管理员证书（Certificate of Archiviste Moderne）。

10.大伦档案（校）及比、葡档校均较注重近代档案之管理方法、知识及其有关之学科。以大伦档校而论，其课程可分四组：①讲述普通一般之档案行政及历史；②细究近代档案与中古文书相对立；③讲述行政史并及于文书运作之程序及范档之保存；④使学（生）明了国档馆档案之大概，检索之工具与方法，及分类叙述之道。大抵以近档为研究之前提，然后博览相关辅助之科学以求胜任愉快、成效深远。辅助科目不但及于政治学并及于社会、经济及与国政有关各活动之纪（记）录，此柏林大伦档校之特色也。

11.实习与理论之训练有密切之关系。布鲁塞（尔）（Brussels，比国京城）最重实习，与理论课占同等之时间。该校之创办人即比国国档馆馆长居维烈氏

（M. J. Cuvelier）极言实习之重要，以为档家最重之工作分类与说明及管理之标准化等均须于实习中得之。大伦档校亦向此方向前进，但其实习在二年中之最后六月或大考之后举行之。大抵理论与实习须同时举行为佳，如此则理论较易理解而实习较易纠正也。学生久习于空疏之学，如能指导有方，学生极愿工作且富兴趣焉。普通均于假期中分给以一小范档之档案使其分类、说明。在法国则以为修学之时不宜与以实际之实习。普鲁氏（M. Prou）谓法校之学生决不能即完全应用其所学之理论与条规，以为除非进档馆后实际工作方可能（得）到真正之经验，此意自有商量之余地。譬如比档馆馆刊中所述即足证明档校学生在校中之实习确有成绩可言，足以证普鲁（氏）说之不足为据。当然实习工作能于附近之档馆中行之自更佳尚也。

12.以上所述可结论如下：

（1）须得专门训练以谋国家档案管理方法之健全与统一。

（2）任后训练（Postappointment Training）不甚适宜，因不知其究适宜于训练否，且训练之系统与计量亦难。

（3）先业训练（Preappointment Training）若无独占或优裕之出路殊难发皇（Educational Monopoly）。

（4）档校不宜仅限于教授档案专课，其他历史及有关之学亦宜广泛学习之。

（5）社会科学课程应尽量设法加入训练程序中，以便较易处理近代档案。

（6）文书、行政之运作程序及方法应加以教学，如从前之重古文书然。

（7）档校应注重实习，最好设于临近或在档馆之内。

（8）为提高学术标准，宜使档校与大学合作。

（三）美国档案管理员之训练

（原文名*The Training of American Archivist*，见《美国档案月刊》1941年四月号，系美国国家档案馆中Solon J. Buck所撰，全文十五段，兹择译之以供参考。）

1.未讨论训练档案员之前，须知何为档案家业务。档家业务主要包含鉴定、选择、收集、还原、保藏、排列、叙说及利用（appraising, selecting, assembling, rehabilitating, preserving, arranging, describing, and facilitating the use of such records）。政府各部已经不常应用，但为政府、人民在行政上、法律上或历史上可能有之价值而须保存之档案。档家业务与国家业务颇存相同之处，亦有其最重要之异点，即两者材料性质之不同是也。档案之官务性、法律性及机构性当为与普通图书不同中之主要之处，然物质性之不同亦甚重要。图书普通有书名页，有目录，有序言，其组成之部分多已装订于一处而曾加连续之计数也。每一图书均为一便于处理之一单位。档案中之一个单件，不过如书中之页或一章而已。档家须决定档件间彼此之关系，认证其适当之单位，解明其本真之性质，不仅编目而已，却并无书名页、目录、序言可资依据之利益。若档家以每一档件依主题，或依时代，或依字顺之关系以分类编目，则彼不但觉其麻烦，且将毁坏其材料之价值，破损其系属之关联也。

2.档案（家）用以驾驭档案之学识即可称之曰档案学。档案学与其称之为纯粹科学，毋宁称之为应用科学，与医学相仿佛，乃混合其他各科学之一部及从实际经验中得来之原理原则与方法技术而成之学。

3.档家应有良好之历史知识之根底，其所服务国之历史尤重，理至明显。又须知政府现行之工作，尤以其档案所自来之各政府机关为最要。此外，行政史、政府（治）史及各机关史亦相当重要。

4.档案（家）又须了解历史方法，历史家、社会科学、人文科学，甚至自然科（学）所用之研究方法，又须熟习其他历史之辅助科学。美国档案（家）虽不必如欧洲档（家）深知古文书学、古文字学、印章学、言语学、年代学等，但亦当加以涉猎，以便应用其法与近档之整理。

5.所有档家除应具上述诸基本知识而外，更须略具与其所管档案内容有关之学识，如管劳工部之档案则须略识经济学，户籍档则统计学，法院档则法律学，军事档则军事学，气候档则气象学等是。档家在出任前固不能统具全备各科之知识，但须有广博之常识，使其有学某种知识之必要易于领受为要。

6.档家所需更专门之知识即所谓"档案经营法"及"档案行政学"中之所讲授者。凡档家所需要之管档原理与实法及原理与实法之历史与变迁，如此则档家方知其在社会中之职责。其余档家当须留意者二事：一须知现今史学界之□□合理之造诣，以便了解世界各国档案管理法之理论与实施；一须对于专学及专题之造诣。"档案经营法"今尚无公认完备之内容与题材，以下所举，勉强可用：

（1）档案之性质与价值（the nature and value of archives）。

（2）档案之制作（the making of archives）。

（3）档案馆室之功能职责与地位（the status and functions of archival agencies）。

（4）档案馆室内部之组织（internal organization）。

（5）建筑与设备（buildings and equipment）。

（6）人员之任用及其训练（the recruitment and training of personnel）。

（7）档料之鉴定与选择（the appraisal and selection of archival materials）。

（8）档料之保存与复原（the preservation and rehabilitation of archival materials）。

（9）档料之排列与叙说（the arrangement and description of archival materials）。

（10）档料之复制（the reproduction of archival material, including copying by hand or by typewriter, or reproduction by photographic processes）。

（11）档案之编辑与出版（the editing and publishing of archival documents）。

（12）档案之应用及展览（the services of archives, including exhibition）。

（13）特种内容档案之处理（problems arising in connection with special types of archival deposits, such as local archives, business archives, and church archives）。

（14）特种形式档案之处理（problems arising in connection with special physical types of archival material, such as maps, motion and still pictures, and sound recordings）。

7.如以上所述确为档家所应具之知识，则其问题为此种知识如何方可获得耶。在欧洲，尤其中欧洲大陆，各国早已承认档业为一种特定之职业而设学校以训练档家，如法国之文献学校已办多年是也。此等学校均教授高级历史学及历史方法与历史辅助学科，再则为档案史与档案经营法。档校多与档馆有关，以便在修学中实习，或则毕业后受职前给以相当时期之见习。

8.因美国人不愿受如欧洲档校之训练，因此其问题即为在美国应教授档家以何种知识耶？在美国，大部分基础知识可与大学中之史学系或社会科学研究院中获得，惟行政史及其他史学辅科当另为注意耳。

9.研究档案之学，档案文献亦殊重要。档案材料虽多，但不易寻求，多数又非英文。有一部分又非大图书馆不易寻出，于此须有更多之档案文籍目录，如国档馆之《档案学目录》（*The Selected References on Phases of Archival Economy, produced by National Archives No. 6 of its Staff Information Circulars*）；须更多之翻译作品，如李维提博士所译之《荷兰档案学》（Dr. Leavitt's translation of *Dutch Manual for the Arrangement and Description of Archives*, New York: H. W. Wilson Company, 1940）。然后在编辑出版一专为美国档案家用之《档案经营法》。

10.档案之应加以专门训练。1909（年）勒兰氏（Dr. Walds G. Leland）早已言之，但美国至今尚无此种专校，而国档馆不能不收普通人进而工作。1937年，哈佛大学曾特设一课讲授历史档案之学。1938—1939（年）本文撰者亦曾于哥伦比亚大学设一课名曰"档案与历史手写文件"，其讲述之内（容）大约与上节所述者约略相同，后因经费困难停设此课。去年秋季始方又于哥大圕学校内由伊利洛瓦省立圕档案部之罗顿女士（Miss Margaret C. Norton）担任"档案经营法"一课。

11. 1939年夏，波士勒博士（Dr. Ernest Posner）抵华（盛）顿，始发动于华盛顿训练档员。波氏曾服务德国秘档馆，及与该有关之档校教员，既美国大学研究院（American Univ.）聘波氏为档案学教授，始与国档馆合作，由波氏与余共教"档案历史及行政"（The History and Administration of Archives），其内容与在哥伦比亚所讲授者同。1939至1940年度有四人读此课，其后又加入十五人，大都为国档馆馆员。此外，波氏并另开"近代史中之方法与材料"一课。

12.上述之试验教学相当成功后，卡勒基会遂资助经费以便在华盛顿作三年之档训。去年课程，今年重授，又加"比较行政史"，由波氏教授；"美国联邦行政史"由韩德博士（Dr. Louis Hunter）讲授；"政府各部现档管理"由恰田女士（Miss Helen L. Chatfield, Treasury Dept. Archivist）（讲授）。四课学生共三十五人。大学中之其他历史辅科及社会科学均足以为档训之助。波氏与余均希望于此三年之内编成一《美国档案经营法》（*An American Manual of Archival Economy*）。

13.其他各省立大学联合省档馆亦可设课训练，凡欲得历史或社会学博士学位者可利用其已有之知识再在华盛顿研究院内研究一年，盖华京档材甚多也。

14.美国现在在职之多数档员均未曾受过适当之档训，在将来恐尚须用未受档训之人以管档。单从经验以管档正如单从经验以作医生者然，不能甚佳也。但经验加以由内由外之自家学练，亦能与曾受专门档训者相同，故做学（in-service）法可以提倡。国档馆年来以做学法训其档员之成绩颇佳，档馆与档员两方面均有利益，除普通档案学而外，其所供职部分工作特别训练亦好。

15.最末即为所训档员之出路问题。以现时而论，国档馆用人并不甚多，其他较高之位，多由内定亦不易获得。文官考试会已举行中等档员考试，起薪年俸二千元，曾受档训之人，考试时当比其他考员容易。此外，各省各县各机关多较从前看重档案，成馆设室聘请专门人才管理，亦大好之机会也。

第五章　国立（家）档案馆档案征录规程

第一条　国立档案馆依组织规程第十九条组织征录委员会，设计征集传录各项档案事宜。

第二条　征录委员会除本馆必要之人员外，得聘请馆外行政方面及技术方面之专门名家为委员。

第三条　国立档案馆征录之对象为：

（一）写本档案（原档与副本）。

（二）印本档案或官书官报。

（三）与档案内容有关之实物与图书。

（四）整理档案及研究档案应用之图书、仪器与设备。

第四条　呈请国民政府明令，中央政府应明令各机关移档与国家档案馆。

（一）中央政府及有全国性之各机关不用之老档（各机关档案之年限、性质、种类由设计委员会另章详细规定之），按时移送国家档案馆保存整理。

（二）全国各省政府、省立档案馆及有全省性各机关中有全国性之档案，应与国家档案馆洽商归入国家档案馆保存整理。

（三）全国各县政府、县立档案馆及其所属各机关中档案之有全国性者，应与国家档案馆洽商归入国家档案馆保存整理。

（四）其他公私立机关、团体、会社或私家之档案中，与国家有密切之关系者，国立档案馆有权与之商洽，将其有关部分归入国家档案馆保存整理。

（五）国家档案有流入其他公私立机关、团体、会社或私家中者，国家档案馆有权与之商酌将其归还国家，由国家档案馆保存整理。

第五条　凡公有档案未得适当之保管整理者，由政府明令移交国家档案馆保存整理，或存原处由国家档案馆负责保障其安全。

第六条　国家档案馆应尽力自组调查征录团体机构，向全国各地各机关收集征录一切有关国家之档案。

第七条　凡非公共机关或为私人故家捐赠有关国家之档案者，应特定奖励之办法。

第八条　凡外国赠送有关我国之档案者，应特定答谢之办法。

第九条　对于收回、抄录、借阅、影写、印制外国、外交部或使馆或其他藏置有关我国之档案事宜，应特定办法处理之。

第十条　国家档案馆在购置经费下，除购置应用物品及参考图书外，应特定征购传录档案及其有关事务之经费。

第十一条　遇有特别重要之征购传录需用巨款而经常费不敷应用者，得请政府指拨临时费用。

第十二条　在离馆辽远之地征得大批档案时，应请政府通知国家运输机构免费或减费运馆。

第十三条　远地征得档案，一时不能运馆者，可暂分区集中储藏之，再作整个有计画（划）之起运。

第十四条　国家档案馆应有完善之交通运输工具以便随时起运，征得档案又应有宽大之接收场所及房舍，以便从事典收及暂存各种新近征得之档案。

第十五条　国家档案馆应特别训练传写人员以便：

（一）传录各种不能收为本馆之档案。

（二）为馆外机关或私人代录本馆之档案。

（三）为据原档全录或节录以备编成或付印。

（四）为校订过录或补录残缺等工作。

第十六条　传录档案文字、图表要点规定如左：

（一）凡缩写、减写之字，其意义毫无疑义时，可以全字、正字传录之，有疑义者全字、正字写于缩字、减字后之括弧内。

（二）原档上有句读、段落及其他符号者，应照录之，无者不可妄加。

（三）原档上之数目字不论大写、小写、俗写、联写（如一、二、三；壹、贰、叁；Ⅰ、Ⅱ、Ⅲ），应照录之。

（四）原档上之文字或记号往往有后来加上者，须考订之，考订后，或以字种之大小分之，或以正文与子注分之（子注放于方括弧内或双行夹注）。

（五）原档中古俗字体，或以特种字体抄之，或照录，另注之。

（六）原档中之脱文夺字，传录者得据考定加入，但须以括弧括之。

（七）脱文夺字不易添入者用…以代之，点放入方括弧中，点数宜与脱夺之字数相等，若多数字同或数行脱夺者，不用点而于方括弧内注"［一行不能识］"，或"［一行已撕毁］"，或"［住址脱落］"等语。

（八）原档中本有错误，经原写者改正者，照录之。

（九）原档中文字有经原写者变更者，应于变更处方括弧内注明之，或于脚注内注明之。

1.原写者之变更其文字有以下之情形：

（1）以笔画去符号或单字或字之一部分。

（2）涂去不要之字，于其旁打点或线以为识。

（3）擦去校补不要之字。

（4）增加文字于行间、天头、地脚、边白等处。

（5）另写一字于原经写就之字之上。

2.如遇以上情形，照以下注明之：

（1）帝王（原作后，画去）欲……

（2）帝王（原作后，涂去）欲……

（3）帝王（原作后，擦去或挖补）欲……

（4）首县^{（注一）}县长欲…

（5）大总统袁世凯^{（注二）}欲…

    （注一：）首县二字系添于行间者。

    （注二：）袁世凯三字原书于擦过之字之上者。

（十）原档文字脱误而经抄校者订正及说明之语句，称原注如何如何者，书于后之方括弧内或脚注中。

（十一）原档本不只一本者，以一本为主，他本文字有异同者，于脚注内注明之。

（十二）注文长者宜为脚注，其他未经上例规则论及之事，均可以脚注注之，如"此处明系空格而某字系后来填入者"，如"从此起书写字体、笔法、墨色、纸张与前不同"等是。

（十三）此重见叠出之字体、符号、格式，或其他情形，宜用通注，不必前后常注。

（十四）传录者必要时可以改易原本行格、版页、边注，亦可改作为正文中之注，但均须以脚注注明之。

（十五）传录者用符号及注释以愈少愈佳。

第十七条　为保护原档体质不受磨损，增大档案使用功效或减少储藏地位，档案馆得选择档案影照之。

第十八条　影照时，得视需要照原档大小，或放大或缩小为之。

第十九条　可公开之档案，其影照之本得以供普通阅览之用，复本可以定价出售。

第二十条　为流通研究起见，得将可以公开之档案刻印。

第二十一条　无论雕刻或排印，可将档案分为必须照印原形及不必照印原形者两种。前者照原档格式传录，颜色、行格、字体一概不变；后者以普通文字传录之，加注于后，总以宜于排印者为主。

第六章　国家档案馆（档案）分类编目规程

（一）国家档案馆档案分类编目规程一览[①]

第一条　国立档案馆中之档案分类、编目、索引等事宜依照本规程行之。

第二条　本馆分类档案应尽量遵守原档原则。

（一）某一机关、某一企业、某一军事单位、某一公共组织在其活动过程中所产生遗下之档案之整体，谓之原档[②]。

（二）自此等机关、企业、军事单位、公共组织活动过程中所产生遗下保存之档案，对于其机关、企业等而言，其机关、企业等谓之档源者，每一原档即将其档源机关之名称与之，如外交部档、教育部档等是。

（三）凡有独立机构性、独立运行权之机关、企业、军事单位、公共组织，其档案各为一原档。注：所谓独立机构性及独立运行权之档源者，系指其机关之存在有独立之预算，有独立之人事处理，有独立之组织法，以确定其地位及职责者。

（四）其机构历时较长，中间有显然之段落者，每一段落为原档。民国元年推翻满清起，以前各机关之档案为一原档，以后各机关之档案另为一原档。民国十七年前，北京政府各机关之档案为一原档，南京国民政府之档案另为一原档。廿六年，抗战西迁后为一原档。卅五年，迁返故都后为一原档。

（五）将某机关事务全部移归新成立之机关者，旧机关之档案成一段落，新机关为新档案源者，已完之案以旧机关为主，未完之案移交新机关结办者，以新机关为主。

（六）凡新地方行政区域成立而其机关超过从前之区划者，为新档源者。

（七）机关改名、改组或移转管辖，与原来职责相较无重大之改变者，其档案连贯不加分割。

（八）某机关一时停止活动而后来又恢复进行者，其档案连贯不加分割。

---

① 手稿原文此处仅有章名"第六章　国家档案馆分类编目规程"，小节名为编者根据整理所需而添加。——编者注

② "原档"今称"全宗"。——编者注

（九）某机关之秘档仍为该机关档案之一部分不加分割，但可分别保存与管理。

（十）凡国内反对党派及其组织之档案，不问其活动之时代及地域，连贯而不加分割。

（十一）某一个人之活动而保存遗下之档案及某派系宗教机关之档案，由某一个人或该党派组织保存遗下者，或某某派系宗教团体等机构等之档案（，连贯而不加分割）。

（十二）凡一档案内容虽非一原档，但若已为一独立之排列与编目之单位者，则可视为一原档。

第三条　创制分类系统时应尽量以每一机关之档案为一单位，机关以上之行政系统及其绝续变迁不可或乱。某机关档案内之分类系统，不必各机关画（划）一，甚至可照样保持其原来之系统，以一机关档案作为一案，重大不重小。

第四条　如系本有相当秩序之档案而须重新加以整理时，可先作大概之分类。第一依档案之形式分类，第二依时年之先后分类，第三依性质分类，第四依地域分类。

第五条　如系本已零乱之档案，须先行设法还原。还原之法须参照该有档机关当时之组织区分，其下再依年代、性质、地域等区分。

第六条　类分档案不必将全部所有档案自巨至细均放入一个完全一致之分类系统中，原档以下不妨各行其是，而以目录、索引等救济之（，以供核查）。

第七条　档案初分之后，加以登记。每一原档或每一集团之档案，各予以字号。如国府档为A，行政院档为B，内政部档为B1，外交部档为B2，军事委员会为C，军委会军政部C4，军政部之兵工署为C42。此种字号可与分类字号取同一之字号。

第八条　登记号不以文件为单位，最小以一案为单位，案中本注明有件数者，得附带注明之。若嫌单位仍小，可以类项目为单位。惟于其下注明所有案数或册本之数。

第九条　国家档案馆档案分类原则，除守原档原则外，尚须斟酌情事厘定一国家档案分类系统，有表系，有索引，并须使此分类系统合于以下数点：

①重机构，②优伦序，③富伸缩，④配符号，⑤具说明，⑥详参照，⑦附索引，⑧严细分，⑨便记忆，⑩合实用。

第十条　国家档案馆档案之编目，先从集体原档着手，再合编为全档总目，而以活页分类目录为初稿，书本分类目录为定本。

第十一条　国家档案馆档案索引乃所以济目录之穷，而便览者检查之用，仍先编集体原档字顺索引，再编全档字顺索引。

第十二条　国家档案馆档案分类系统编目格式、索引方法、排列次序等，另编定之。（参看余所编《档案经营法》及《档案编目法》。）

第十三条　国家档案馆档案之分类、编目、索引、排列大要以便于检查为主。对于档案之考定、提要、剪裁、添补由参考处编辑股仔细研究编定长篇或摘要抄印行世。

［附抄于本章后作为参考：①法国大革命后之档案管理（见《档案行政》上篇），②国家档案分类中之三个问题。］

（二）国家档案分类中之三个步骤

（译自*Archivist*。）

1.近代档案之增加

近代各方面均用机器制造物品，公文档案亦然。以打字机、默写机、油印机及其他复印机器，复制公文档案。故在五十年前政府各机关公文档案之以十数计者，今则往往以千数计。军政部最近四年，移送于国立档案馆之档案，几与历代印度部之档案相等。档案数量既如此增多，学者研究不得不借助于档案分类指南。此种分类指南，不但学者有用，即管理档案者亦至不可少。盖此千万数之档案，迥非人力之所能记忆也。

2.档群与档单位之意义（Series or Archiman）

何谓档群与档单位？余于此不欲下一详细之定义，但就其消极与积极两方面之特性约略言之。所谓档群，通常虽属于政府某一机构行政过程中之产物，但其内容并非必然属于某一类别或某一题材者。所谓档群，并非必然有一定之排列及检索方法。十九世纪之时，信件文书，多依年月日期排列。今即在政府各机关则无不设有四抽档案橱，由书记录事以保管其档案。所谓档群，在数量

之多少上，并无一定之限制。假定一件档案，不能称之为档群，但可认之为一档单位，或档件。以上所述档群，消极方面之特性，虽属真确，然而档案家仍须尊重其统一性。各档群内在之统一性，常有不同。在普通情形之下，某一档群，常有一定之起讫及一定之排检方法。有时一档群，系属于某一事件者。譬如，今有一档群，并不知其以如何方法排列，但其内容，则属于1917年至1918年中，钢板出产者。大抵因档案中之档群均属政府各机关处理某一事件之集合文件。又某一档群，往往为某一人或某数人所负责经办者。如此，则人事之因素，又为此档案群之统一联系物矣。

3.三个步骤

国家档案在分类上有三个步骤：第一须将每一档群，分入其经办之行政机构系统下；第二，须将此经办之行政机构放入于其直接管属之行政机构下；第三，须将某一行政机构下之各机关依其成立裁并之时期先后排列之。

4.确定档案所属机关之方法

对于第一步骤，难下一严格硬性之规则。可举数例以见其方法与困难。信件文书或甚容易，分置于其适当之机关下，收文可以受文者为钥，受文者名称虽不免时有错误，然至今仍为分属档案之通行可用之指针。发文可由发文者或代理人之签名以考其属于何机关所办。如此，故须对当时政府各机关中职员之进退转移，加以历史之研究。则只具发文人名者亦可知其为何机关之产物。近代盛行复写、打写之法，写者、打者往往于文稿下署其姓名之缩写字。故又须有各机关工作人员之缩写名录，方能查知其属于何机关。如此机关人员名录，对于档案分类者诚极重要。但此等名录亦宜审慎应用，因往往并非工作人员名录，只临时之发薪簿而已。

5.人名及机关之核定

分类者之困难往往不在名称之少，而在名称之多。若能将各官员名字集中排列以备参考，常可解答此项问题。于签呈上、于稿件空处遇有名称缩写者，即可据之以查考。有时于文件上有橡皮印，可以查知其为何机关之文件。但此当为较近之档案，始有此橡皮戳印之法。而机关名称之审定则又须利用美国各机关名录（American Officialdom）以核对之。

6.分类者应对于所分类档案之机关有详密之知识

分类时尚有其他知识足资利用者，即分类者熟悉了解其所处理档案之行政机构是也。其机构之历史、之人职、之职掌、之变迁、之工作办事程序，将此等材料排列参考。

7."入后"原则

假定分类者熟于其所分类机关之掌故，及其档案内部情形，则其问题更有何事耶？即政府各部之组织常有变化是也。总统、国会及最高法院等变化较少，其他部门及省县各机构则时有变迁，部局式之政府变化最甚。档家须知此等变化将继续不断发生于现在及将来。分类者如遇一档群内容有涉及相关连（联）即前后接替之机构者，则不必将档群归入前机构而可归入于后机构（Later Agency）。如一档案群内容包括二机构以上者，亦入后机构。此"入后"原则，在余之意乃分类之第一等原则也。

8.入后原则举例

以联邦政府而言，未加入欧战前，国防委员会业已成立，后则将其中若干种职务分交其他机关办理。国防委员会中军火部档案系用图书局自动索引法以排列之者。1917年八（8）月此档移交于军事实业部之主席局，又加入若干新商店、新材料、新职掌。则此档群不当再入国防委员会而应入军事实业部。又如粮食部中之供应司于1918年四（4）月分为三司，此两新司一主零售一主趸售。有一档群，自其本生机关（Parent Organization）起始，后移转于零趸司（The Retail and Wholesale Division），再又移转于物产司（The Staple Groceries Division），于此，此一档群遂终止于1918（年）十二（12）月。则此档应分入于物产司下。但另有一档群，每一卷中皆三司之档混合放置。此档群在全时期中皆标明本生之第一司供应司之名称。故此应入第一司供应司。

9.入后原则再举例

自1876（年）至1918（年）军政局之收计司之历年摘由簿档（Docket Book），此司自1918（年）至1920（年）归军需部（Quartermaster Department）管辖，1920（年）又归财政局管辖。在此变更中，此摘由簿照样保存直至此档终了之年1925（年）。此档应入财政局。

10.假若不依入后原则而行入先原则

假若不依入后原则而行入先原则，则将有如何影响耶？若依入先原则，则上所谓军实部原出于国防会，军实部之档群须分入国防会。以军实部之档入国防会，以为其意义及关（系）均较贴切明了而可将一切公私之军实生产机关包括融汇之。但事实上完全不然，因军实生产之事乃军实部之功能而非国防会之功能也。以上第二例言之，若用入先原则，则不入粮食部供应司分出之物产司与零疃司，而入供应司。人或将谓若用入后原则，岂不将本生机构割裂支解？但在历史发展过程中，此供应司确只为全机构之一部分，事实如此，固无可如何者也。入档于后生之机关可以考见反映该机构之改组情形。

11.保管者非档源者

解释入后原则，当注意其机构运作之事务是否与其前接或本生之机构运作性质相同。故分类者不能只将一档群分入于一只曾保管此档案之机构。此乃一久经承认之定理，惟应用时颇为不易耳。如有一档群在一机构中至保存有百年之久，但此机构并非运作产此档群之机关。在此种情形之下，恐亦只好入保管者之机构下矣。但时间不能作变更"保管机构决非档源（Fonds）"原则之理由。

12.清理接办他一机关者

当一机关去清理接办他一机关之事务时，而入后原则引用亦有困难之点。于此究应入先抑入后，当视其特殊之情形而定。战时政府活动往往有涉及私人企业之战事损失要求者。欧战中此事多有之，大抵系关于政府与私人企业间运输物材之差额损失者。处理解决此等事务之时间，往往较于该战时负此责任之机构存在之时间为长，则清理机关接收后，其中之案件已经办结者仍入前之战时机构；接收后，曾继续处理方行办毕者，则入后焉。

13.原机构已不在而若干年始在另一新机构办结之案件

另有一种情形，如平政部审理一案，系关卖货者要求政府偿还其战时物资供给上之损失者。此事之起诉已在战后十五年矣，其结果形成一集团之档案，其中有原来之发票或发票之抄本、报告、账单、信札，战时管理此等事务之机构中关于此事之记载与档件，及平政部处理此事之文件。普通常识上之断定，此档群当然应入于为政府辩护之法院档中。盖此事已在战后十五年，而所有诉讼记录（Dockets）不一定来自一处，虽欲入前，不可得也。

14.注意机构之主管隶属关系

转到分类之第二步骤时，分类者即须注意政府各机关间之彼此主管隶属之关系，必须将档群所属之机构置于其直隶之机关下。但人将谓引用此原则岂不将大多数机关均置于立法、司法、行政三大机关之下耶？此种推论当然属真，分类者于编排隶属关系之时自亦不免困难。大抵第一线层之机构当为国府（Chief Executive），行政各部院（即所谓独立机构）（the executive depts so-called independent agencies），上下议院及法院（the upper & lower houses of the legislature and the courts）。在分类目的上，此等机构均可认为在一条线上者，为起始之点。

15.下级机关主从关系决定之方法

将局、司（bureaus and divisions）等分配在各大枝之下（under the branches），似非甚难之事。但彼此间主从之关系，常甚复杂而有时竟至矛盾。分类者须对于其所正在应付处理之机关加以详细之研究，以明其法定之地位（legal status）。如对于此机关之立法上或法令上之议决与公布，行政上之命令或布告，或者国际间之契约或部会之命令皆是也。并须研究其他机关在财政上之关系（financial ties）。至于何机关指令设此机关，为此机关定立规章，以及时下一般人对于此机关法定地位之意见，均须加以考虑。

16.移并机关之隶属问题

一机关分隶于最近之上属机关，亦多问题。因局、司、科、组常有自其旧隶之机关分出移并其他一新机关者，此之为例，不难指举。譬如1849年老内政部之成立，一部分乃系将战事部之印度委员会、国务部之调查注册局移并之者。分类者于此之问题为：是否意将此等并移之局所，属于1940（年）或1941（年）时之所属之部会耶？例如：印度贸易局，此局之生命时间，于内政部成立之前二十五年业已终止，究应将此局入内政部耶？抑入其从前受命领款之战事部耶？又如调查局1790（年）至1849（年）属国务部，1849（年）至1903（年）属内政部，1903（年）至1913（年）属商工部，1913（年）以后属商务部，此局今只以之入于商务部而已耶？

17.移并机关档案之切断分隶

作者对于上述之问题，决然答曰，否。且以为分类者必须于全政府之机构中，每一局所，如在每部中曾有其一段之历史，则应给以相当之位置，此原则并可用于更为细下之行政部分。如此则分类法中于国务部中、内政部中、工商部中，及最后之商务部均应有调查局之位置。国务部中及内政部中均应有商标局之地位。但此等局之档案实行中究应如何切断处理耶？调查局之档案凡1849（年）者已结束者入国务部下。在移并于工商部以前之案已结束者入内政部。1903（年）以后至1913（年）者入工商部。若引用此理于印度局，则1849年以前者入战事部，其后则入内政部。

18.对于上述办法反对者之不当

以上分类之办法自易引起异议，以为如此则所谓印度局、所谓注册局、所谓商标局，其机构连续性与完整性岂不因之而破坏耶？但此种反对不过情感意气之论而已。因此等局所之档案根本即未尝在一连贯继续之机构产生故也。战事部初成立之时期，关于印度问题之档案甚多，其时印度局根本尚未成立，安能以之入印度局耶？

19.档案家分类并须顾到过去之实情

档案家不仅须看到1940（年）或1941（年）之问题而已，并应顾到过去至1840年之时，将来至1990年之时。若1840年时即有国家档案馆，而印度局或调查局或商标局若将其老档送归管理，其分隶之时岂复有问题耶？内政部决不致征入其中，战事部与国务部之范档问题亦不成问题。自彼时以后即有何问题耶？只就已结案卷言之，则分期储置，自今日之眼光观之，则以为有失连（联）络矣。

20.试想将来政府可能之变迁

今自过去而言及将来，试让吾人一一讨论政府机构之变迁。假定于1965年时，印度局移并于一新部（Eleemosynary Institutions），假定户籍局（The Census Bureau）移转于一独立之统计部（An Independent Federal Statistics Administration），假定商标局（The Patent Office）移转于实业部门（A Department of Industrial Processes）。照原则，1940（年）时印度局所有档（案）既分入内政部，则1965（年）时印度事务部所有档案自应入Eleemosynary Institutions。同理，户籍局之档案亦应重新分入统计部（Federal Statistics Administration）。而Patent Office之档案亦应入Industrial Processes。另一方面，以观此种理论，所定印度局（Office of India Affairs）之档案1849（年）至1965（年）前已办结者，应入内政部下之该局。而1965（年）尚未办结之档案则入印度局等机关（The Office of Indian Affairs Department of Eleemosynary Institutions）。同理，户籍局（Census Bureau）之档案1913（年）至1965（年）已结束者应入商业部下之该局，而尚在进行之案卷应入统计部（Federal Statistics Administration）下之商标局（Patent Office），1849（年）至1965（年）已结之档案当入内政部所入之该局，此后之档案则应入实业部（Department（of）Industrial Processes）所属之该局。

21.第三原则：依机关隶属系统分类

应用分政府各机关档案于其所属（所监制）机关之下之原则，遂引至档案分类第三原则。分类者应依各机关成创时间之先后按次排比于其所属在上机关之下。如此则，若有一政府组织变迁大纲，则各行政部门必亦如此排比。此外独立之机关亦依其时代排列。各机关下之司、科、组、股亦依此原则排比。著者以为此法似甚可行。

22.政府机关之多，变迁之速，使治档案者增加困难

1927（年）时内政部下之一局，名曰印度局者，其下又有数百单位。1888（年）时战事部云有十局，各局下云共有八十八司，其历史似如此者有五十余年之久。该部中间曾经两次战争。治档案者仅知其间一二司处不足，必须有一整个之大纲。此种纲要邦政府已觉困难，联邦政府更形复杂，好在美国历史不长尚易从事耳。

23.依机关成立创始之时代排比，对于参考工作甚为重要

一完满之分类计划虽难，但每一群档案仍应尽力予以永久确定之位置，否则将有如下之情形发生。假定将来某时，儿童局之某一官员在劳工部档中寻求一特别之文件，此文件乃1921年所写者，国家档案馆对于此项档案必有确定之名称及号码以便寻求。但以后，因机关改组，儿童局在劳工部中之次第由第七局改为第九局，从前所用之号码已不适用，要寻此项文件必须将旧号换成新号方能寻得。且也档案参考室中也许有一历史家，携带从前所撰之书报注脚中所

指该项文件之各种引证号码以检原档者。故按时代排比机关之举，可以防止此等事实之困难。

24.依年代排列最重要之理由，为将来之时，可自成系统

分类之修改，不过只增加而已。若1942年农林部有四十局所，而其后新加一局所，其数号当为41，其前四十局所之数号无须改变。若户籍局于1949年须扩大其十一司处为十四司处时，其新增司处当为12、13、14，而其前之十一司处之数号无须改变。若气象局中之气体司中原六科须再增二科时，自当为第七科及第八科也。

25.年代法亦自有其短处

年代表不能使政府机关作合理之排列（Logical Arrangement）。譬如某部某局某司，行政上之机构、科学上之机构，以及职业上之机构均混合一起。大抵某局某司之新创亦必有所因袭某项旧制，依时排比，则前后不能合一集合于一处。

26.分类时往往亦有不能依时排比者

如若干省份，大抵分三期发展：殖民时代、开发时代、建省时代。前两期之档案多由省档馆，或史学会，或其他收罗文献之机构当作个人或有关之人之手稿文献收集之，因此不能成为国家档案之范档，故不能应用上述之原则。联邦中央政府之档案亦有此种情形，其一部分档案完全不能视为某范档之一部，余以为此等档案当另分、另管、另放。

27.结论

此文所讨论者凡三事：①入每群档案于其最后所属之机关中。②政府机关及其下之司、科、局、所之档案，已结者排于前机关，未结者排于后机关。③政府机关依其产生成立之时代排比之。

此三事又基于三假定：①将来政府机构如何变迁难于预料，故只有依时排比。②现时档案馆纵未收入某项档案，但仍须于分类系统中空其位置，以备其送来。③分类系统尽量减少改动，以便增加。（完）

（卅三年一月六日译完）

（卅五年二月二十日重阅一遍）

（宜宾漆树乡人毛坤体六记）

（三）俄国档案馆决定档案群（范档）之规则

（此规为国家档案处组织部主任N. Formin起草。苏俄国防部部长兼内政部所属之国家档案处处长Nikitinskü于1939年九月通过批准，"Rules for the determination of an archival fonds"。载于*Arkhivnae delo, Official Lection, Lr*（1939）140 ~ 143面。Olga P. Palmer氏译载于*The American Archivist*，July，1940年号中218 ~ 220面。兹重译其大意如下。）

第一条　在苏俄档案中，档（案材）料依（范档）原则保存整理之。（注：所谓范档者，不许分散之谓也。）

第二条　某一机关、某一企业、某一军事单位、某一公共组织，或某一机构的或执行的独立部局，在其活动过程中，所产生遗下之档（案材）料之整体，谓之范档。

第三条　自此等机关、企业、军事单位、公共组织活动中产生遗下保存之档料，对于其机关而言，机关为档源（Fonds Originator）。（注：某机关之独立附属机关之档料仍为该所附属机关范档之一部分。）

第四条　每一范档即将其档源机关之官名予之，如外交部档是。

第五条　有独立机构性、独立运行权之机关、企业、军事单位、公共组织，其档料各为一独立之档源。（注：所谓有独立机构性及独立运行权之谓之档源者，系指其机关之存在而有独立之预算、独立之人事处理，有特别组织法以确定其地位及职守者而言。）

第六条　苏联自十月大革命推翻旧政府以后，产生之各机关，为新档源者（New Fonds Originators）。

第七条　前资本政本政府时代之企业、银行、脱（托）拉斯、教育机关等，自收归苏维埃政府之日起，其档源者即停止。苏维埃社会政府新组织成立之企业、银行、教育机关等为新档源者。

第八条　将某机关一部分或全部事务移归新成立机关管理者，即为新档源者成立之表示。如苏联国家经济最高会议之活动停止而另设人民轻重工业委员会是。

第九条　凡新地方行政区域成立，而其机关超过从前之区划者，即作为档源者。

第十条　自某一机关中产生出一个或数个新机关，而将原机关事务之一部移归管理者，并非档源者停止之表示。

第十一条　一机关而为一新机关代替其事务者，凡已完之案卷以旧机关为档源者，未完之案卷移交新机关结办者，以新机关为档源者。（注：此条规则亦可引用于第十条所属之情形。）

第十二条　扩大或缩减某机关之职权而不变更其法律上或行政区划上之职权或地位者，并不能认为一新档源者。

第十三条　机关之改名，机关之移转管辖，或改组而原来机关职责相较无重大之变更者，其档案不能分为各自分开之范档。

第十四条　某一机关一时停止活动而后来又恢复进行者，仍为单独之范档。

第十五条　某一机关之秘档仍属于该机关范档之一部分，但可分别保存与管理。

第十六条　凡由某一个人之活动而保存遗下之档案，不问其活动之时代，而成为一单独之范档。

第十七条　凡反苏维埃之政党及组织之档案，不问其活动之时代，而成为一单独之范档。

第十八条　凡某派系之宗教机关之档案，不问其活动之时代，而成为一独立之范档。

第十九条　凡一档（案特）藏（an archival collection），若已为一独立之排列与编目之单位，则可能为一范档。

第二十条　"档藏"一词乃指属于原来一个或多个范档之一档群（a group of records）而依一种既定之系统（如依类、依形等）分开排比者之谓。（注：如可能将档料能分为范档，则不必产生档藏。）

第二十一条　若缺乏科学基础以保管一档藏，则最好仍将其中之档料分开。

　　[范档：a fond　档群：a group of archives　档料：Archival material　档藏：archival collection　档源：fonds originator]

（四）法国大革命后之档案管理

（*Some Aspects of Archival Development since the French Revolution*, Ernest Posner 著，见*The American Archivist*, July 1940。此文凡分廿段无子目，兹为之添注子目，以便观览。）

1.欲明现代档案之趋势，有研究过去档案管理历史之必要

欧洲某档案学校课程结束后，该校员生曾开一同乐会，学生等曾预备若干有趣味之余兴节目。其节目之一为：一亚述国（Assyrian State）国家档案馆馆长与一报馆探访人员之会谈，先搬进一大堆砖石，档案馆馆长遂加以解释：档案应如何遵照"范档"原则及其他金科玉律之法规（the principle of provenance and other sacred axioms）保藏排列。其意在讽刺档案行政课中之特别注重研究东方档案及古物云。兹欲讨论追溯近代档案处理之大概情形，固无须似过去亚述尼尼微（Nineveh，亚述京城）之老档案家之所为，而专重于古物之兴趣。然而吾人若欲了解法国大革命后潜行于档案管理史中之趋势，仍须追溯数世纪前之往事。

2.中古时代及其以前处理档案之法之可考见者

若欲重建沟通古物档案（Archives of Antiquity）与近代档案之道，无疑为可能之事。保存收文及登记发文（keeping the incoming and registering the outgoing letters）若干条例，在罗马（Roman）及必善廷（Byzantium）①王国业已行用。由此又传其法于希腊、意大利之教庭与寺院（Bishoprics and Monasteries），吾人视须记忆，伐梯堪（Vatican）②教庭所保存之档案最早者至于三四世纪时，其时欧西其他国家亦必有用如罗马之法以管理保存其档案者。吾人若试指出中古时期之档案特点，无论教档与俗档（ecclesiastical as well as secular），吾人发现，最初几乎全限于收文材料（incoming materials），并且大半为关于财政上或法律上之证件（instruments that had some financial or legal bearing）。王公侯伯并无经常确定之地以保存此等档案文件，往往连其所有之珍奇玉帛及先贤遗宝，置于一安全之地或储于教堂机关之中，盖彼时只有教堂初有保存档案记载之办法也。此种早期档案之收集，常与内阁无关，中世纪时内阁为政府中之

---

① 今译"拜占庭"。——编者注

② 今译"梵蒂冈"。——编者注

唯一重要之行政机关，而另形成为独立之单位。渐至保存发文底稿之法复又甚行，底稿多以册式（in books）保存之，即所谓档册（Registers）是也。而抄记（registering）发文材料之习，渐传于欧洲各国。其结果为，在最初，可云有两套不同之档案：即①原档（The Original Document），行政过程中所收到者，保存之于一安全之地，而视为最宝贵之所有物；②即发文机关发出文件后之底本抄册或底稿，偶然间，内阁认为必须合并一处抄存，以便办事之用时，亦常将二者合抄装存之。

3.中世纪末欧洲各国档案之大概情形

中世纪之末期，因种种原因使官档渐形集中或分散（Consolidation and Differentiation），各王朝住居之所渐形固定，其行政之范围亦日见增大。公务机关（The Communities），尤其是以意大利为然，均始建立其雏形之档案储藏所（Archival Depository）。其后，纸张行用于世，文书材料增加，更须特别之管理与保存，早至耶稣纪元1284年时，即已制定点查与管理那浦尔（Naples）①之安求档案（Anjou Archives）之规程。在法国，皮尔得当氏（Pierre d'Etampes）于1318年时即开始整理编目其特索档（Tr'esordes Chartes）。在英国，威廉斯他卜理吞氏（Willian Stapleton）②于1323年时即已编制其财政档（Exchequer）。所有其他欧洲各国之现存档藏均曾加以编排以供行政便利之用。以后政府内阁或其他同类之机构渐知保存来去公文，但自然集中保管现行之档料之举，则既未想到，亦无实行者。大抵老档，如特索档即其显例，均独立储存，以为永久保存之计；新档则由制档机关保存之。换言之，即各政府机关均自行保存其老档（Noncurrent Records）。在此早期，统一管理之计画（划），尚少其例。1713年时，汉诺威（Hanover，普国城？）曾开始建立一特殊建筑，以储藏该国各地之档案，该国乃1705年联合成立者。在奥国（Austria）③荷分国立档案馆（The House，Hofund，States Archives）接收自1749年以前之哈士堡皇族（Habsburg, the house of）之老档，及1762年以前之合甫国

---

① 今译"那不勒斯"。——编者注

② 今译"威廉·斯台普顿"。——编者注

③ 今译"奥地利"。——编者注

会（The Hof-und Staats Kanzlei）之外交政策之老档。在1784（年）时苏格兰户部总院（The Scotland General Register House）预备接管一切档案。但，自全体言之，在法国大革命前，档案并不集中管理之制为档案管理上之特点。据李其氏（Richon）之调查，1782年时，巴黎不下四百零五处之储档所，而法国全国则为1,225所。用一总档案保管机关，以储藏全国中央及地方档案之观念，经过相当外力之推动，始经接受承认，而亦确为一崭新档案管理之概念也。

4.法国大革命划出一档案管理之新纪元

第一，全国公档管理之规模已大体建立。法国国家档案馆（The Archives Nationales）始创于1789年时，其时乃国会中之档案局（a parliamentary archives office of the Assemble Nationale）。1794年六（6）月24日（7 Messidor Ⅱ）之诏令始改为国家之中央档案机关，而其时各省之档案保管处均附属于其下。虽然在大革命初年，对于实行集中全国档案于一国家档案馆之可能性曾加以考虑，但迟至1796年十（10）月26日公布之法令（5 Brumaire Ⅴ），各组属及各地方之档案储藏所，终于组织成为档案部（Archives Departmentales）。其结果乃为第一次档案机构之成立，而将其时之新旧档案悉置于其中。

5.革命法第二重要影响

革命法之第二重要影响似为国家承认有管理、保护其过去遗下之档案之责任。在大革命初年，大量之历史档案曾被摧毁，如法国封建时代之档案是。加拉部长（Minister Garat）曾劝其时之档案长李勒氏（Lille）有云："所有粗黑字体书法之老档，概系封建主义之法符，以强凌弱之记号，均可决然一并烧毁之。"其后始渐有较健全之见解。麦西度第二（Messidor Ⅱ）始命创临时保档处（The Agence Temparaire des Titres），负责处理无用之档案，其后于1796年四（4）月24日又命改归档案局（The Bureau du Triage des Titres）管理，而以官档长长之。此可表示对于所处理之档案之历史价值，渐有明确之了解矣。国家亦开始知悉不但美术品物极应保存维护，过去之档案亦应得同等之待遇。

6.大革命中档案法之第三种贡献

大革命中档案法之第三种重要贡献为准许公众要求查阅档案。此为《麦西度诏令》第三十七款所规定者。其文云："每一市民均可有权要求档案保管

处……查阅与其有关系之档案之内容。"此令原意在使人民可以查阅与其有关之财产、讼事、法令等档案，而并不十分措意于学者对于档案研究之方便。然以法令开放档案以供众用，此究为第一次也。

7.各国所受之影响及其仿效之情形

在法国大革命下所形成之此种管档观念，乃为十九世纪及二十世纪档案发展中管档方法之主潮。此项观念传播甚易，因其时欧洲大部之国家均曾受法国之管辖而受其影响。故集中管档之观念遂渐为欧洲其他国家所采取。法国既成立中央管档处（Central Archives Depository）以保存中央政府之老档，又设部档保管处（Archives Departmentales）以保存国家行政各部分之老档。其他各国均觉宜仿效成立此种机构，不过各亦有其小有不同之点而已。在法国国家档案馆乃为崭新机构，别国受革命之影响亦多立即成立同一之组织。在海牙（Hague）之荷兰皇家档案馆（？）（The Dutch Allgemen Rijkarshief）及比利时皇家总档馆（The Belgian Archives Generales des Royaume）均可认为此种中央档案馆之代表。其他国家行政机构之未大经破坏者，对于档案之保管更为活动。此类国家大都由其已有内阁档案局而发展改变为国家中央档案馆，以政府某一部之档案为中心，其他档案皆向此集结，结果即变为国家中央档案馆矣。譬如英国，官档局（The Public Record Office）及案卷局（The Office of Master of Rolls）均与内阁部（The Chancery Department）有密切之关系。同此，在瑞典国之中央档案馆亦发源于内阁，为该国最古而至今尚存之中央管档处，其档案保存于皇家档案馆（Rikoarkiv），成立于1617年，十九世纪中期以后始吸收中央各部之档案而变成国家中央档案馆。此在1921年合并部档管理处（？）（Kammerarkiv）之档，始克完成其进行之程序。凡集中档案，迟延之地，经近来革命运动均与以集中之动力。德国直至1918年尚缺乏有组织之档案管理，亦建立国家档案保管处于巴子坦（The Reicharchiv in Potsdam）[①]以保存大战时及其他之档案。俄国，其分部管档制从未破坏，历史家不得不于十余部档馆以研究搜求材料，今亦介入极端之档案集中管理制焉。

---

① 今译"波茨坦"。——编者注

8.法国本身仍未做到完满之集管制

于此有一奇事足资注意者。人将以为法国乃档案集中观念之发祥地，对于此思想之实现当行之最力。实则不然，有一短时期，在拿破仑治下，及新朝沙洛美治下，颇重视此观念。从各被征服之省、从西班牙、从意大利、从尼特兰①、从德国，凡最贵重之档案均运至巴黎，储于一巨大之新档馆中。但此过度努力集中管档观念，与其发明提倡之人同归湮没消散。经数年过份之努力，国家档案馆精力似已用尽，并未办到将各机关档案悉集中于一处，而各机关仍维持其自保档案之情况。世界大战后，布尔金氏（Georges Bourgin）曾慨乎其言之曰："但是所谓国家档案馆并不能真系全国者，因其远不能聚集全国各种各色之档案于一处也。"直至1936年法国政府始试规定各部会之档案移送于国家档案馆。但仍不敢十分过问各部会继续自保档案之情事，而此种档案又确为大有影响于研究工作者。

9.别国对于集管制之行用与无效

集管中央及地方档案之观念，虽其起源于法国，后竟不得不放弃。俄国曾有一短时期，仿效法国集管档案，然不久即发觉其为不可能且不必要。通常档案保（管）处行政系统之组织，亦与其国之整个行政系统相应。国档馆集管国档，则有省档馆以集中省档。英国因行政机构奇特，国档馆兴建甚晚，最近方始产生，然其大部分之档案仍附连于图书馆与其类似之文化教育机关中。

10.档案馆之系属问题

政府何部方可或方适宜于管理国档馆之问题，曾供其时多人之讨论。曾有各种不同之试验，而效果亦颇不一。及国档馆发展为一学术研究机关之时，似应直属教育部之下。有种国家以为直属于内政部更为相宜。1910年此问题曾在布鲁塞②档案大会中加以讨论。俄国似为第一个国家以档案馆系属于行政院长或内阁总理之下者（to the head of the ministry）。其他同此而以档案馆系属于国家元首者（to the chief of the states），均觉甚为成功可行。最近成立档案馆之国家多不愿以其系属于某一部。俄国向属于中央执行委员会。美国则档案馆馆长

---

① 今译"尼德兰"。——编者注

② 今译"布鲁塞尔"。——编者注

由总统简任，参院提名，而报告众院备案。系属于某一部者，其结果往往不能收移别部之档案，因其掣肘之意常多，而合作之意常少也。法国则档案行政为教育部长之事，而教育部长与各部联合会（内阁会议）主席连同负责执行1936年七（7）月二十一（21）日之重要档案法。

11.档案之能公开应用之另一原因

法国大革命既使档案管理成为公众服务之专门机关，又使档案可以供私人之研究。远在1789年以前即不少允许学者利用官档之例。吾人尚可忆及楚瑞他氏（Geronimo Zurita）（1512—1580），其撰《亚拉公史记》（*Annals of the Crown of Aragon*）也曾利用档案材料，而亦曾被允许利用西满加档案（Archives of Simanca）。又蒲芬托夫（Samuel von Pufendorf）（1632—1697），瑞典之史学家也，亦曾允用两法院之档案。尤其是丹麦皇家档案馆（Danish Rigarkiv）早在十八世纪时即已为历史活动之中心。但概言之，学者大都不允自由利用档案，而准利用之处，乃系特惠，非属权利也（It was a favor, not a right）。自法国大革命以来已确实建立档案公开制（Accessibility），最初原意或者系为便于考究法律、司法等人之故。公开利用档案以为学术之研究，在初并非主要之点。而拿破仑所聚集之大量皇家档案于巴黎者，本即无意公开于众，以供利用。似乎于大革命法中之档案公开原则而外，另有一种更大之势力方使档案之门大开者，此势力只间接与大革命有关而已。因反对革命中平等之趋势及拿破仑之征服，国家主义开始发展，欧洲人民之渐觉国家自我意识之存在，而开始利用国史为复兴之鼓励。浪漫主义颇致力于美化过去之历史、美术品及其文化档案。公布档料，使国史可以利用，并从新发现之材料以书写历史，此在当时之历史学上成为有力及热心寻求之目的。

12.注重老档之影响

初则中世纪之档案（Medieval Chartes），继则其他公档，取得国档之尊严地位，而令精能之管档者（Custodians）以护持之。十九世纪之初十余年时，各国大都由学者进入档案馆，以代替一部分从前曾受训之国家文书登记等训练之官吏。此种官吏之能力却亦未可轻视，彼等大都具有管档必要之一切知识。譬如普鲁士枢密档（局）（Prussian Privy State Archives）为当时枢密院之唯一保档机关，彼等（其中管档之人）曾实行弃去无用之档，极端审慎，且可资效法者。学者接管新总档机关后，其对于档料之态度全与从前之管档者不同，档案馆变为偏重于科学之机关，而略失去政府机关之性质。为合于一般历史学上之趋势，档案家大都致力于中古档案之编排。无疑，此为有用之举，亦系必须之工作，因寺院、教堂之转作俗用以后，多量中世纪之档案（Chartes）、簿册，及其他档料，曾由国档馆所收集取得也。因图书馆收集写本之故，档案发展更盛。但此有两种影响：①档案按时移藏之事因之忽视，现政府档案材料似属次要而甚至以为不必移藏，故档案馆并不按主动提移，只各机关为欲倾洩其废物而记忆有档案馆之存在时始送归之；②档案馆中之档案常依各人之见解以编排，而不依档案本身之特殊性质。档案家多在图书馆中得到训练，一切总以图书馆家之思想以绳档案。且学者、研究考索之工作，往往更能影响于档案之排列，故总以便于研究为主。以此，故特别之碑传集、地志集、兵役集、教务集等，均有编制者。发明各种之人为的编排系统，此编排系统大都可以应用于档案馆之全部系统者，各部分档案悉以之强入此种人为之系统中，不顾其原来之连（联）系。其时法国国家档案馆中档案之所谓分类、组织或系统，即足代表此种观念。另外一例亦足以示此种学究式之趋势影响此时期之档案管理。1830年，比利时已与尼特兰分离独立，当其将普鲁士外交局档有关于此新国者，移存于国家枢密档局（Privy State Office）时，此局在其时几系全为外交局之储档馆，而无地以储，不得已方决定此档最好放入其时已有之目"Duchy and Burgundy"之下。此可见其历史古物之观点（historical and antiquarian points of view）之如何盛行于档案家之头脑中也。

13.注重老档之反动，渐趋于行政机构及近档重视

久则变乃必然之事。所谓"尊重档案原形之原则"（the principle of respect pour les fonds）之产生，乃以为档案之体应与从前或现行之行政单位相应，保存之法亦应如此。此乃初由（1840年时）比、法两国人士之主张而流行于其后之数十年中者。此意荷、普二国行之最力，凡一范档（Fonds）必维持其原来状态，而保有其原来之符号。荷档案家之《档案排述通论》名著，曾给此原则以最后审定。此原则对于档案机关之办法及档案家之理想均发生若干之变化。

（按：《档案排述通论》，*Manual for the Arrangement and Description of Archives*，原由S. Mulle等三人于1898年出版，Arthur H. Leavitt 据1920年之荷版第二版译成英文于1940年始在纽约出版。）档案馆于是注重其行政机构之特性，重新建立与其所交往移档之行政机关之关系，并按时要求移存，及有决定何者当存、何者当毁之权。此法远及于斯坎提那维亚①诸国（Scandinavia countries），丹麦尤甚，其档案近至一二年中即须移存于国家档案馆（The Rigsarkiv, V. A.），塞揭氏（Secher）自1903（年）至1915年为档案馆长，要求档案馆应为一国家之独立有权之行政机关，如是方便国家档案馆与各部间取得密切之联络。结果，在某种方面，国家档案（馆）成为各部之第二档案室（Secondary Registry）。1938年一年中不得不应付调档之22,456次之多。特设一室以供各部派员之用，如此行之遂使国家档案馆其他工作大受压迫。

14.档案家所受上述原则之影响

同样，档案家工作之性质亦受上述原则之影响，从前档案家之学图书馆家者，今则学机关档案室之管档人矣。意即尽力还原（Reconstruct）原范档之编排，而放各档于其适当之地位。还原工作既备，档案家之能事似即已尽。还原工作之施用于较老之档，诚觉其有用。重建档案中之原来联系而未业停撤之机关之功用，以便研究其历史。但档案馆近档之流入往往甚为繁多，而馆中人员又鲜能作适宜之帮助，于是馆长不得费其大量之公时于依原档系统以编排近档也。

15.对于范档之反动及其调解救济之法

近数十年对于范档又有所反动，人曾指出原档编排之法未必合于研究之目的。档案室之管档方法（Registry Schemes）或甚粗浅愚笨不值还原者，特别在只保有得一范档之部分档案时尤甚。同时必须设法使档案依现代研究之需要而易检便查，同时档案家，为使细其所藏以供学者之用，必须较机关中档案室人员之工作更有所增进。故德国把尔氏（Max Bär）曾力言盲目依照原档编排之不足，在不破坏原档还原之可能性下，须另为更合理之编排。近年来对于此点亦有同样之致疑者，瑞典档案家卫布尔（Karl Gustaf Weibul）及许尔慈（Johanne

---

① 今译"斯堪的纳维亚"。——编者注

Schultze）曾试出尊重原群（the principle of provenance）可用性之限度及其必有之限制。此种理论之争尚未常已，将来似有中和解决之道焉。档案将排于架上，依原序以检查。然后档案家将建立一更为合理之排列，以求合乎现代之需要，并便于答复研究工作之问题，将档案编目、索引，并编制详确完备之各范档提要，而指明其在历史上之意义与价值。无疑，凭预测将来历史上之问题，及研究档案之目的，以编排档案之目录与索引，而求永远适用为不可能。今日之工作及方法在将来必不免有所改进、补充，甚或重新改造。但此却无伤于吾人所提出之调和办法，即依原法编排档案而同（用）不同次序之目录或索引以救济之。

16.档案家责任之觉醒及档案员之训练

在档案事业发展中，档案机关明了行政之责任，有时甚至过分强调，无疑由于职业上之进步，故大战之后，大量近档倾入档馆而能胜任也。使档案家明了其为国家行政机构中之重要部分而为一特殊之服务机构，更使其明了并使其长官上司明了：并非对于古书有兴趣或有学者之资望即为一良好之档案家，而必须曾受专门之训练方能胜任愉快也。关于此点，多数国家或设专门学校机关，或用其预习机会，以为供给此项训练之资。

17.档案学之建立及《档案经营法》之编撰

建立一档案科学亦为一辅助之工作，因档案之传达、制造、保存之法，各国多不相同，欲用一种理论档案学以应各国之需要似甚困难。至少近时出版之档案教科书，均与著者本国之档案情形有密切之关系，用于他国颇有限制。故先须对于档案制造之历史、保存之方法分别各国加以研究。此事既作，然后方能撰一详明之《档案学概论》，指述共同之特点及通用之问题。同时档案家能考验他国档案管理之方法，亦甚为有用。特别是关于档案物质上之护持，如若可行，以便引用于其本国之档案管理上。

18.关于档案机关之合作问题

在国际基础之下，作档案行政上之合作，至少曾达到一显著之结果。国际知识合作社（International Institute for Intellectual Cooperation）所组之档案专家委员会，曾出版极有价值之《国际指南》（*Guide International*），第一次贡献

关于欧洲各政府档案机关之精确的组织与活动。近年来政情紧张，战争爆发至少稽延此国际合作社之其他计画（划），其中《档案名词字典》为最迫切需要者。此种字典为普通了解档案问题之重要预备。

19.国家档案馆之权力

大战终了后之数年中，档案颇有全新之发展，《俄国档案法》曾创造"政府档案单位"（The Unity of Governmental Archives）之概念。依此法所述，凡存于政府机关之档案，或移存于档案馆之档案，组成一不可分割之范档单位（Unique Fonds）。1922年正月三十日之法令，授权与俄国国家档案馆，随其本意随时可以查验政府各机关之档案。必要时，并得报告中央执行委员呈请其设法补救改良。《美国国档法》（The American National Archives Act）同此，虽略较温和，亦有同样之规定。《英国档案法》，以法律之观点言之，与俄、美同，甚至授与（予）档卷长官（Master of Rolls）之权更较俄、美为多。官档皇家委员会第一次报告曾指出："由1852年参议院所定之法规命令之连（联）合执行，英国政府各部之全部档案，现在及自今以后，均须受档卷长官之管辖与监督。据此彼可随时发布命令依法接管任何部分之档案室，无论各部之新档旧档、公档秘档，事先并不须得该部首长之同意，亦未规定须与其部之首长商议。换言之，在此严格之法律条文下，档卷长可以于笔尖一挥，变动全国之行政机构。"英国档案馆似永未行使此项特权。亦不知俄、美两国档案法是否系受英国此种仅属理论之先例。无论如何，此两国之规程昭示国家档案馆权力之宏大，无疑法国档案馆馆长之有权查验某部之权，即由此等先例而来也。

20.将来之档案家之责任

以上之发展似尚非档案界终极之发展。国家档案馆最高当局可以查验尚在政府各机关中之档案，此时尚在初步进行期之中，将来或会引至更宽更大之权，如全国公档均为一不可分割之范档，则最终收受此项档案之机构，实应有权指导各机关如何排比、组织、保藏其档案，使其自始即有一满意完善排比，将来自可合于国档馆之处理也。吾人可以谓，档案家将渐至成为国家之专家，关于公档之制造、保存，均须取决于彼，同时又将变为信托之人，过去、现在及将来档案之安全均将付与彼也。（完）

第七章　国家档案馆（档案）藏护规程

（一）国家档案馆档案藏护规程一览①

第一条　本馆档库须坚固、敞朗及具有各种安全与便利之设备，足供储藏现有及将来相当时期中能增加之档案。

第二条　档案不在档库之中而暂置馆中其他部门者，亦须时时注意其安全并尽力设法使之从速归入于档库之中。

第三条　档案不在馆中而往借出馆外者，须订定各种可能安全保护之法，并尽力设法使之不必借出馆外应用，借出者亦须使之能早日归还入于档库之中。

第四条　档案业已由各处获得而一时尚未能运入本馆者，须就地妥筹安全储藏之法，并须于最短期间运入本馆。

第五条　档案正由各地运向本馆，无论交运输机关代运或自行起运者，均须沿途妥为保护以策安全。

第六条　为防止意外或当非常时期，可于本馆之外另择安全之地建立隔离档库以储重要档案。

第七条　装置档案之箱框、橱架，须坚实合用，伸缩自如，移动容易，务期紧急时期便于处置。

第八条　遇有紧急事及须行迁避之计，迁避之时须注意：

（一）迁避之缓急先后；

（二）迁避何种档案；

（三）装储之器具；

（四）迁去、迁回之适当时间；

（五）负责迁避之人员及组织；

（六）迁往之地方及该地方之必要设备；

（七）迁往后之管理问题。

第九条　国家档案馆对于其档案应在道德方面设法保护其安全，如训练馆

---

① 手稿原文此处仅有章名"第七章　国家档案馆藏护规程"，小节名为编者根据整理所需而添加。——编者注

中人员及社会应用人士，不致有改换、涂更、毁减、偷窃事件发生等是。

第十条　国家档案馆对于其档案应在法律方面设法保护其安全，如阅览借用之详细规定、遗失毁损等之适当处罚等是。

第十一条　国家档案馆对于其档案应在物资方面设法保障其安全，如水灾、火灾、虫鼠之免除等是。

第十二条　为防患于未然起见，平时对于贵重精要之档案，即须设法制造复本以供普通之应用，免损原件。

第十三条　国家档案馆对于其破滥、零碎、不整齐之档案，须设法装修之。装修规程如左：

（一）国家档案馆装修档案事宜，由典藏股装修部（组）负责办理之；

（二）凡送装修部装修之档案，应设簿册按时详细登记之；

（三）凡送部装修之档案，应仔细检查是否符合装修原则，然后决定何者急应装修，何等稍缓装修；

［材料］

（四）凡送部装修之档案，应以耐用合色之壳面装修完备后方行送还；

（五）凡送部装修之档案，应贴标准装修档签以资识别；

（六）凡送部装修之档案，应用蓝色印鉴盖过"中国国家档案馆△△年△月装修印记"；

（七）凡送部装修之档案，其档件上任何旧文，均应保存勿去；

（八）凡送部装修之档案，其旧有壳面应尽量保存之；

（九）凡送部装修之档案，其档件中原有之旧纸即系空白，亦须照旧保存之；

（十）凡送部装修之档案，钻孔时其新针应尽量照旧孔穿载；

（十一）凡送部装修之档案，其原来档件系用铁夹、铜钉或别针等穿夹等，应除去换以针缝；

（十二）凡送部装修之档案，折叠不齐者，应先将原来折痕压平，然后重新按所欲之大小折叠之；

（十三）凡送部装修之档案，装修者必要时得将其装修之档案用黑铅笔记数一过，其他记号概行不准应用，若有其他改变必须说明时，可记于另行附订之纸页上；

（十四）凡送部装修之档案，其原来之装订尚属结实，惟四周短破者可接补之；

（十五）凡送部装修之档案，其中有破损者，须先行补修，然后装订；

（十六）凡送部装修之档案，其壳面及针缝尚属坚实可用者，可以只换脊背不必全部重装；

（十七）凡送部装修之档案，新加壳面其下端应较文件边缘长出半公分；

（十八）凡旧装上之印鉴、标签等不便留入新装者，应割下粘入新装前面壳内；

［附件］

（十九）档件附有印玺者，应用软布包裹，或以硬纸作盒，内填垫棉褥，留空位储之，以免有起油、摩擦等弊；

［标写号签］

（二十）装修标号签可分二种，硬性纸质或布质标号签，及韧性纸质或布质标号签，前者用以吊结捆束档案，后者粘贴于原册之档案，或贴于脊背或贴于前面之上端，亦有不用标号签，只写或印于脊面之上者；

（二十一）档案系包捆者，用以号签穿孔系于其上。档案装于箱盒中者，号原粘于箱盒之上。包捆箱盒之档件如为分散之零件者，仍可逐一标加号签；

（二十二）标号签上应书明类名、项名、目名及档号类名，可用红色书写，其余可用黑色书写；

［盖印记］

（二十三）档案装修部应注意检查戳盖印记之事，官印（档案馆）应盖于档案之有字部分，或有字面页之边缘上，凡散件或数件新装均应盖印，如为原装档件则可择页盖印；

［记页］

（二十四）记页之法可以号码机为之。用黑色有记件数不计页数者，亦可记页者。凡原有之页虽为空白，亦应记数。惟装修之衬页，可不记数；

（二十五）如原档件业经记数，中途加入之页则可于后加小数计之，如

12.1、12.2、13.3等是；

（二十六）旧页数号如必须改动时，可以蓝色划去原号数而另记之；

（二十七）凡送组装修之档案破碎，其零乱应先加以拼接。裱褙拼接之法，宜按纸质、纸色及纸之裂文（纹）先行接合，再选取碎片中字体相同、辞意连属者参以经验依次拼上；

（二十八）凡送组装修之档案，其剩余之破烂、零碎、无法拼接连贯者，交回保管档库，另制麻袋储之至相当时期，再行处置或销毁。

（二）紧急时期中（之）档案管理者（之责任）

（*The Archivist in Times of Emergency*，此文为美国档案协会会长Walds G. Leland氏之演讲，登载于*The American Archivist* 1941年正月号中。全文分十一段，兹摘其要译述之以供参考。）

1.根据档案之产生、收集、保存、应用（production, collection, preservation and use）共同之关系而言之。以现时时局观之，恐全面巨大战争即将降临于美国，其紧急之程度将倍于前次之世界大战。故吾人今当预为之防。并非谓档案家在彼时存如何不得了之事，不过欲于物资上、精神上及处理上预先加讨论而已。

2.第一须采取必要之步骤使档案室中之档案得到物质上之安全，或者吾人可以不必过虑空袭、爆弹、燃弹之攻击，但以近来之战局观之，沿海城市，殊难乐观。1939年时国际联盟虽曾邀请多国签订战时国际保护历史美术文物之约，以今观之，其无效果，当至明显。全国资计部科学委员会（The Science Committee of National Resources Planning Board）曾言全国圕协会、博物馆协会、公园总所、档案会并连同建筑家、工程家、化学家、军事家等共同努力设计以求获得保护文物之方法。欧洲各国对于防空袭之事已经大量注意。1939年国际联盟智识合作委员会国际博物办公室曾刊一书曰《战时国际文物美术之保护》（*Protection Internationale des Monuments Histoique et des Aeuvers d'art en Temp de Guere*）。同时，伦敦大英博物院出有《博物院及美术馆之空袭预防》（*Air Raid Precaution in Museum and Picture Galleries*）。而荷兰国立档案馆亦发表两文，一曰《护档防战法》（*Protection of Archives Against the Hazards of War*），一曰《空袭下之档案与保护》（*Archives & Protection Against and Raids*），在本刊中均曾加以介绍，可以参看。

3.余意并非欲拟出若干具体之办法，不过希望引起注意而已。但余曾与国立档案馆中职员及其他档案家谈及此问题，曾常提议以为：第一宜将价值贵重之档移于绝对安全之地。第二宜将常用必不可缺少之档影照之。第三其余之档只好存原处听天安命而已。以近来战事观之，建筑物下之地下室亦不安全，必须设法分散移走方好。曾有人谓离华京百英里之遥之"西南多洼岩"（Shenandoah Valley）最好用为移档之地。总之无论何法，吾人宜速决速行。1938年夏间，余曾参观巴黎国立图书馆中之石窟（Cellars），见其中有多数迁移箱云。

4.同时须知档案不比美术或图书，而为紧急时期中更特为应用频繁之物。而战时各种机关加多，地位不足，各种机关工作人员亦加，亦是地位不足。又战时档案加多，更是地位不足。结果老档拥至档案馆。处理本即增加困难，而又欲同时免除战害，减少损失，保其安全，至为不易。1920年，余曾与麦伦博士等（Dr. Newton D. Merenes and others）曾调查联邦政府之档案，战争中二年所产档案之数量等1789（年）至1917（年）全部之档案。格罗佛先生（Mr. Grover）云，军政部档室之档1917年前之档数为81,391立方尺，而仅大战中之档数即为316,736立方尺云[①]，换言之即自1789年至大战终了时之档案，战争期中后二年之档案即占全部档案百分之八十一云。在此种情势下，档案家之责任甚为艰巨。必须以全力应付之，并须速议速决也。

5.实际方法可言者凡三。一曰量之分移；二曰量之毁减；三曰量之紧缩（distribution of mass by transfer; reduction of mass by destruction; and reduction of bulk by compression）。第一法最易行，如能觅得相当之地方。若事先有计画（划），更佳。不但战时，此法平时亦可用以藏不常应用或次要之档案。例子甚多，如法国国立图书馆早即将书报另储于凡尔赛（Versailles），其他将文物分储于馆外另建之室者不胜枚举。但为此种目的而建筑之房屋，自不能求其堂皇、壮观，而有大办公厅、参考室、资料室等。只求有最充裕之储藏地位而

---

① 此两处"立方尺"疑为"立方呎"之误。——编者注

已，并须注意到日后可能发展之地位。余于此处，似非急切时不便如何打算，否则颇为劳力而于一般公众用档上颇为不便。本国国立档案馆故从前未计画（划）及此。

6.关于销毁，余览本刊中（1940（年）正月号）李海先生（Mr. Emmett F. Leahy）之文，《公档销毁论》（*Reduction of Public Record*）最好。本会销毁委员会之工作及计画（划）亦佳。惟此事当于平时注意，继续不断行之，方有效果。待急切时往往有草率、粗疏、失当之弊，而档案家与行政者须互相合作，而进行中须常由档案家监督。

7.关于量之紧缩用影照法（Microphotography）尚在试验中。政府各部现时用者甚多，因一可以造副本，一可以便销毁原件也。余颇同意各档案家之意见，以为最省地位之事，无过于影照法也。

8.余觉人于防护方法之中，不甚注意"量与地"之关系。李海先生始大声疾呼曰："当努力防止造档量之增加，及立即分离或销毁显然无用之档案。"（Efforts to prevent excessive record making and to insure segregation and prompt elimination of types of documents known, through experiences to have the permanent value.）此法虽为一种预紧法（Pre-emergency Measure），但于防紧法中亦甚重要。从前余与范丁博士（Dr. Van Tryne）考察档时曾发现于《卡克勒报告》（*Cookele Report*）中载有极详细之文书制造处理规程。甚希望现政府各部亦有如此详细关于文书运作之规定。本会前会长牛桑先生（Newsome）曾谓档案家须具备文书处理之经验与知识为佳，诚有见地也。本刊1940（年）四（4）月号中恰田女士（Miss Helen L. Chatfield）曾为一文曰《管理下之档案问题》（*The Problem of Records from the Standpoint of Management*），对于档案文书之制作颇有明确之讨论。文书运作如得其法，档案家可省无限之力。同时将来行政者之应用上亦将更为方便。对于文书处理先即有简明紧缩之法，而于行政过程中又时时销毁减少其档量，则将来移存于国档馆时，自亦好管而大都为精粹重要之档质也。人或将谓此于"防紧"何关，不知防于未然优于防于已然也。

9.以上所述乃档案家关于物质防护方面之责任。以下请自档案之研究与解释方面言之。在平时，政府各部亦常向档案馆求取材料。战时则供应之机会愈多，范围愈大。档案管理人忽变为组织机构之专家，因其保有过去机构材料与知识也。譬如在国档馆中有前次世界大战时之战时机构：战事实业部、船舶部、粮食部、燃料部、战事劳工部及设计委员会。此次战争，国防上亦可有此等机构，此亦档案馆可供给此方面之最完备准确之材料。答复此等问题最好于平时即先有所准备，至少于战争终了时，档案馆应将此类材料加以研究而编成便用之册子，以供下次紧急时期之用。如此则档案家之责有同于历史家者矣。余以为此意于档案家甚为重要。格罗佛先生之言可为佐证。其言曰：

"专家之档案管理者，在政府机构中之地位于战时特为重要。彼不仅为文献之保存者，而且相当的具有该项过去机构之知识。战时机构产生、消灭，于第二次战时复行产生。档案管理者不啻为每一新组织机构中之组织人之一。过去经验固不仅全赖档案，但总以档案为最准确、专门而详尽。此惟档案家可以供给之。为此，彼不仅为一指引之人而已，须对于其所讨论之机构之过去、现在种种知识，方好。余信多人将同意'战时之档家乃指引兼顾问之人'（Guide and Consultant）。"

10.另外一点，余以为战时档案家之责，不但在其物质上或职务上应尽之责任，并应于其职务相关之研究上应尽一部分之责任。即应于战时收集、保存战时之一切关于历史之文物。前次大战时，全国历史服务部（National Board for Historical Service）曾为此项工作努力不小。1917年五（5）月曾组一委员会，其中包含有国家档案馆馆长、档案协会会长等，曾通函与各历史学会及各图书馆谓："全国历史学者若求兴趣，则各地历史学会及图书馆应动员以系统详尽之方法收集保存'现在事件'之一切材料。"收到复信甚多，数月后该委员会曾函国防委员会提议，请其委派成立各省历史委员会，曾云："国家历史服务部欲作二事：欲利用过去之经验以惠现在，欲存现在之经验以惠将来。吾人视经验为吾人之最大之财产，而其应用与保存乃最重要之事。"

结果各省多组历史会，于1919年则组成全国战史会。此会生存虽不甚久，然亦颇有相当之成绩。此乃前次大战时之事，彼时国家无国档馆，省无省档馆，今皆有矣，即应由各档家负起责任为之。惟战时各档家当比平时倍忙，省档家及档家协会应多加努力从事此项事业之进行。

11.以上所述结论如下：

（1）应订战时护档之法并告示全国各档管处。

（2）应尽速筹建分离档室以备迁移档案。

（3）应研究前次战争中之战时机构之组织、职能、历史以供现在之参考。

（4）应精研政府各机关工作之方法与实施，并须特别注意文书之产生以求过程之简要，产量之精紧。此须政府方面之大力与合作。因而便于档案在战时之管理。

（5）应注意战时各项材料之收集与保存，应以全国某种组织编辑工作指导纲要册子，以便工作。

第八章　国立（家）档案馆（档案）应用规程

（一）国家档案馆档案应用规程一览[①]

第一条　国立档案馆阅览室、研究室，每日自上午九时起至下午四时止开放。星期及例假不开，即一月一日至三日、三月三十九（二十九）日、八月二十七日、十月十日、十一月十二日及本馆成立纪念日（某月某日）不开。

第二条　凡来应用本馆档案及各项有关图书目录者，每日每次须于阅览簿上填写姓名、住址。

第三条　某室（部）某室之档案须遵照该室所规定条件方可应用，应遵守之（详细条规即可分条写于此下）（此须按照该室所特别规定之条件）。

第四条　凡欲阅览某时期以前之档案或某特别种类之档案者，须向本馆秘书长、文书股用规定格式之书面请求发给应用该种档案之阅览证。若为外籍人士，须其所属国家使馆之负责介绍函件。

第五条　凡执阅览证者可以自由阅览政府各部之档案，但以限于政府各部长官所规定可以公开之档案。

第六条　凡传抄移录及他机关赠送移存与本馆之档案，其阅览方法完全与

---

① 手稿原文此处仅有章名"第八章　国立档案馆应用规程"，小节名为编者根据整理所需而添加。——编者注

阅览政府原档相同。

第七条 政府各部移存于本馆之档案不准公开阅览者，须依各该部长官随时规定之条件方能应用。

第八条 每调阅一种档案须填一调档单，交管档者取用。

第九条 除经（管理员）特别许可者外，每次调阅档案不得超过三件。

第十条 为公众应用之档案目录、档案系年要录、档案索引等只能在原处应用，不能移到别处应用，取下应用后仍须归还原处。

第十一条 馆藏档案、图书、文物等，未经管理员之许可，不得从甲室移至乙室。

第十二条 凡未载入目录中之档案及尚在整理中之档案，未经馆长之许可者，不能取用。

第十三条 凡具有特别重大价值或脆弱易坏之档案，须遵管理员安全完善之方法取用。

第十四条 档案用过后交还管理员时，须取回调档证。凡调档证尚在管档员手中者，阅览人对于所调之档案当负一切责任。

第十五条 凡次日尚须继续应用其本日所取之档案者，须重新填一借档证，其上书明"此档请暂保存于外，以便明日继续应用"。

第十六条 阅者取用馆中之一切图书、档案均须慎重将事，不得倚靠其上或置任何物件于其上以防损坏。

第十七条 除馆中整理档案之人员外，任何阅览人不得用铅笔或其他方法于馆藏档案、图书之上造作记号。

第十八条 某某室及某某室任何阅览人均不得应用墨水。

第十九条 未经管档员之允许，任何阅览人均不得影抄档案。

第二十条 在馆中研究阅览之人须力求肃静。

第二十一条 馆中管理员有权劝告或干涉或处理有以下情形之人：

（一）故意违犯馆中规程者；

（二）不服管理员之指挥者；

（三）污损馆中档案文物者；

（四）有丑行怪语、奇装异服及其他可憎可骇之行态、扰乱他人之工作者。

第二十二条　本馆为求应用档案者之便利，备有各种目录、索引及应用本馆档案之指南。

第二十三条　本馆某种档案可以公开，某种档案不能公开，另有目录可以考阅。

第二十四条　本馆档案以在馆中阅览、不借出为原则，必要借出时须在规定可以借出档案各机关之长官正式来文方能借出。

第二十五条　借出档案以自行取送为原则，不邮寄，必要邮寄时须挂号或保险寄出。

第二十六条　借出应用之档案不能超过七日。

第二十七条　调阅秘档者，本馆设有正（政）府专派人员来馆查阅秘档应用室。

第二十八条　本馆图书及其他参考文物只供应用档案时之参考，专门以阅读图书文物为事者，本馆并不供应。

第二十九条　应用档案者若非特别指定非阅原件不可者，本馆乃以副本、影本应之。

第三十条　凡阅者所欲阅览、应用之档案，本馆已有印本者，阅者可以出价购阅。

第三十一条　凡阅者所欲阅览、应用之档案，本馆准许抄录者，准许阅者自抄或备价求本馆托人代抄。

第三十二条　凡阅者（所）欲阅览、应用之档案，本馆准许复印、影照者，阅者可以备价托本馆代为复印、影照。

第三十三条　除本馆档案印本已由本馆具名发刊出版可资据证外，凡请托本馆代为影照、复写或抄录之档案，在一定手续之下，如机关或个人之请求批准，如校勘无误等，本馆得验印证实其真确性。

第三十四条　凡馆外人士自由传录、抄写、引用未经本馆验证之档案，本馆不负其法律上真确性之责任。

（二）官档局用档规程

档案乃国家重要史实，固宜公诸国人及学者之用，但一不经心即有毁损散佚之虞，故应用之时当详为规定，务期用者可以得益，藏者不至散亡为佳耳。英国官档局用档规程颇有足供吾人之采择者，兹摘录之如下（据V. H. Galbraith：*An Introduction to the Use of the Public Records*，99～103页）：

1.研究室每日开放，供凡欲考究档案者之用。惟星期日、圣诞节、受难节、复活节、降临节（Whitsun周星期一）、王诞日、八月一日，及其他例假日不开。每日十时至下午四时三十分开馆，星期六则十时至二时。

2.凡欲用档案或目录者，每日须于阅览簿上填写姓名、住址。

3.在The Statutory Custody of the Master of Rolls, The Duchy of Lancaster及The Late State Paper Office中之档案，按照以下所附之应用条件及缴费办法，均可公开应用。

4.凡欲阅览1801年前之免费档案，须向官档案局秘书用规定格式之书面请求，发给阅览证（Student's Tickets）。若为外籍人士，则须其所属国家使馆之介绍函。

5.凡执阅览证者可以自由阅览政府各部之档案，但可以公开之档案，当以政府各部长官之所规定者为限。

6.凡传录之档案及其他机关赠送、移存与官档局之档案，其阅览条件完全与阅览政府原档相同。

7.政府各部移存于官档局之档案而不准公开阅览者，须依各该部长官随时规定之条件方能应用。

8.凡雨伞、手杖、提包等不得携入研究室，室内桌上不得置杂物及包裹。

9.每欲调阅一种档案，须填一调档证，交管档员取用。

10.除经该室管档员特许者外，每人每次取阅档案不得超过三件。

11.为公众应用之档案目录、纪年、索引等，每一研究室须各放一份，并时时修订之，凡未规定置于研究室中或已撤销之目录、纪年、索引等，未得Deputy Keeper之命令，在该研究室中不得要求应用。

12.凡未载入目录中之档案及正在分类整理之档案，未得副局长之许可者，

不能取用。

13.凡具有特别重大价值或脆弱易坏之档案，须个别取用，或须照遵该档案所在之室之管档员所认为安全完整之方法。

14.档案用过即当交还管档员，取回调档证，凡调档证尚在管档员手中时，阅览人对于其所取之档案当负一切责任。

15.凡次日尚欲继续应用其本日所取用之档案者，仍须重新填写调档证书明"请暂保存于外，以便明日继续应用"（kept out）以便阅览。

16.阅者取放局中之一切档案、图书，须慎重将事，不得倚靠或置其所书之纸于局中档案、图书之上。

［影抄］

17.除局中管档员外，任何阅览人不得用铅笔或其他方法于局藏档案、图书上造作记号。

18.法档研究室及史档研究室（The Legal or the Literary Search Room）中，任何阅览人不得应用墨水。

19.未得管档员之允许，任何人不得影抄（Tracing）档案。

20.阅览人在研究室中，对于目录、纪年、索引等应用后，必须照旧归还原处原架之上。

21.局藏档案、图书、文物，未得管档员之许可，不得从甲室移至乙室。

22.在研究室中须力求肃静。

23.室中管理人有权令有以下各种情形之人出室：①故意违犯规程者，②不服管理员之指挥者，③污损局中档案、文物者，④丑行、怪语、恶习、奇装异服，及有其他可憎可骇之行态、扰乱他人之工作者。若将其经过情形以书面报告副馆长，而未经正馆长平反者，即作为最后之定谳云。

（三）官档局可以公开任人阅览之档案

国家档案，虽事过境迁，而仍有不可以随意任人阅览者。何种档案可以公开，何种档案不能公开耶？大抵时间早者可以公开之成分高，时间晚者可以公开之成分低。然亦有因档案之性质不同而公开时间遂因之而异者。兹将英国官档局档案公开规程摘录以见一般。

Regulations inforce as to the conditions under which Departmental Records are open to impaction.

1.海军部档（Admiralty）

（1）所有航海日志（Logs）、海程日记（Journals）、海军官兵名册（Master Books）及各舰官兵薪饷花名册（Paylists）等无限制公开。

（2）其他档案公开至1885年以前者。

2.侍从局档（Lord Chamberlain Office）

公开至1885年以前。

3.殖民局档（Colonial Office）

（1）西印债产会档（West Indies Encumbered Estates Communion）及印本地志（Printed Gazette）、立法会议记录（Minutes of Legislatial Council）、议院开会录（Journals of House of □□ sembly）、殖民文件（Colonial Arrival Papers）等，无限制公开。

（2）其他档案公开至1885（年）。

4.关税部档（Board of Customs & Excise，国产税）

公共（开）至1837年。

5.教育部档（Board of Education）

凡已移存于官档局之档，悉无限制公开。

6.财政及审计局（Exchequer & Audit Office）

公开至1850年。

7.外交局档（Foreign Office）

公开至1885年。

8.卫生部档（Ministry of Health）

（1）M.H.1类至M.H.7类，无限制公开。

（2）其他不公开。

9.内政局档（Home Office）

公开至1878年，但：

（1）1841年及1851年之调查册须付费方可阅览；

（2）监狱委员会档中之H.O.110～113类至H.O.127类不公开；

（3）关于加洛乃朝威尔斯公主（Caroline Princess of Wales, H.O.126）之档案，不公开。

10.内地税部档（Board of Inland Revenue）

（1）见习名册（Apprentice Ship Book），无限制公开。

（2）其他不公开。

11.法官部档（Law Office Department）

凡已移存于官档局者均无限制公开。

12.国债局（National Debt Office）

公开至1850年。

13.主计总监局档（Paymaster General's Office）

公开至1878年。

14.枢秘局档（Privy Council Office）

公开至1885年。

15.内库局档（Privy Purse Office）

（1）观光簿（Visitors' Book），无限制公开。

（2）其他不公开。

16.机要局档（Signet Office）

公开至1878年。

17.内庭局档（Lord Stewards' Office）

公开至1885（年）。

18.贸易部档（Board of Trade）

公开至1885年，但将来移来之档仍当受特别规定之限制。

19.国库档（Treasury）

公开至1850年，惟Civil List Papers及有关于Royal Family之档不公开。

20.国库法定检查员档

West New Jessy Aociety（T.S.12）档公开，其余不公开。

21.军政部（War Office）

（1）所有官兵薪饷夫役花名册（Pay List）、官兵夫役名册（Master Rolls）及各旅团月报（Monthly Returns），无限制公开。

（2）其他档案公开至1885年，惟：

①W.O.1～8，31～35类档案，1858年之摘要不公开；

②W.O.81～88，90～93类之Judge Advocate General档只公开至1858（年）。

以下各部之档案，非经特别之允许者，不得阅览。

教务档（Ecclesiastical Commission）；

军械部档（Ministry of Munition）；

官档局档（Public Record Office），移存之田赋档除外（Manorial Records Deposited，D.R.O.11）；

户籍总监档（Registra General）；

公建局档（Office of Works of Public Building）。

第九章　国家档案馆（档案）编印规程

第一条　本馆编印事宜属于参考处编印股之职掌。依本馆组织规程第九条"编印股职掌抄录、摄照、编辑、印刷、出版、发行等事宜"。

第二条　本馆分类编目部门所编目录、索引等，目的在便利检查馆中之档案，乃系一种工具。参考部下所属之编印工作，乃编印档案之本身。其本身即可作为参考档案及研究档案之对象。

第三条　本馆编印档案虽可汇辑或摘印，但以不多叙述、不加批评为原则。与国史馆之根据档案或其他材料编纂史书之自定体裁、自抒意见者不同。

第四条　本馆编印股除技术人员外，得聘请文字、掌故、史学见长之人才任编印之责。关于编印某特殊问题时，亦得聘请精熟于该项问题之人才。

第五条　编印之前即须审量馆中所有档案，何者可以公开，何者尚须秘密，何种问题重大即须急速编印，何种问题可缓，后可以按步进行。

第六条　本馆编印档案以形式言可有：

（一）专刊、专书之类；

（二）汇辑（一次）、丛刊（继续出刊）之类；

（三）论辑、研讨之类（此或为一次或为期刊，系讨论档案者而非档案之本身，不过有助于档案之管理、整理、了解、研究而已）；

（四）目录、索引之类（此系分类编目部门之工作，但技术上常与编印股合作）；

（五）报告、统计之类（此系秘书或总务部分之工作，但技术上当与编印股合作）。

第七条　本馆编印档案以体例分可有：

（一）以类别分，如教育档、军务档之类；

（二）以机关分，如江南制造局档、两淮盐运使署档；

（三）以事件分，如临城劫案档（此为纪事本末之类）；

（四）以年月分，如《通鉴》《东华录》之类，系年要录、大事表之类。

第八条　本馆应编应印之档案决定后，由馆长分别指定工作人员从事进行。工作人员有权调集必需之档案应□，惟影照可用原档外，发刊发排须另抄副本应用，以免□档受损。

第九条　复制档案最通行之法有三：

（一）摄照，不失原样；

（二）照写、刻印或石印，近于原样；

（三）重新排印，排不出者加注说明。

视档案本身之需要与价值而定用何法。

第十条　编印档案有关外国文字及本国汉族文字以外之文字者，应特聘精悉各该种文字之人审定校对，不可草率从事，致失真象。

第十一条　编印档案之文辞、字体、格式与普通文字不同者甚多，最好能于馆中设立印铸部自行印刷，否则亦应觅一完备可靠具有特殊训练之印刷局为之。

第十二条　付照、付刻、付印之档案底本，必事先在文辞上、字体上、格式上精细校对无误或工整誊清，以免错误。

第十三条　校对印稿须有特殊训练之人，不限定初、二、三校，当以完全无误为止。校者与排者之间除可能于口头伸（申）说外，应拟定档案校印之种种公用符号共守之。

第十四条　编印档案乃复制国家重要文献，须用坚韧耐用之纸张及美观坚（牢）固之装订，以便各方面之应用与保存。

第十五条　编刊印成之档案可作以下之分配：

（一）提供本馆保存、参考及研究、流通之用；

（二）提供送存指定之文化研究或行政机关之用；

（三）提供与其他机关团体或私人交换对于本馆有用之图籍或档案；

（四）供出售之用。

第十六条　本馆编印档案，志在流通及便利参考与研究，不在牟利。定价务须低廉，手续务求简便。

第十章　国家档案馆（档案）销毁规程

第一条　选择销毁档案时，各部行政长官与管理档案专家应密切合作，方能得到优良满意之结果。

〔合作〕

第二条　选择销毁档案应有严密之监督审核方法，由国家档案设计委员会：

（一）监督审阅各部行政长官提出应销各档之目录（最好应有样页）。

（二）检阅应销之原档是否真应销毁。

（三）监督覆（复）审已经决定销毁之档案，以免偷提泄漏。

第三条　档案馆馆长得国家档案设计委员会批准应销之档案后，即将应销目录呈与国会批准。

第四条　国会收到销毁目录后，指定议员数人组织文件处理委员会审核之。

第五条　经批准销毁者，其销毁之法可有：

（一）公告出售。

（二）移送全国各机关或教育机关、图书馆、博物院、历史研究所等团

体，由各机关团体中之管理专家呈请发给。

（三）销毁。销毁之法可有：①密埋；②火烧；③水浸。

第六条　若国会太忙或休会期间未能审核应销档案时，国家档案馆馆长会同全国档案设计委员会，有权先行执行或令有档机关执行销毁之事，再依手续呈报国会追认。

第七条　全国各有档机关自行销毁其档案时，应将其销毁之详细目录、数量、卷册、日期及销毁之方法，一一具报于国家档案馆馆长以俟考核。如系移送他机关者，则受档机关之名称、地址、负责人等均须注明。

第八条　国家档案馆馆长应于国会开会前，将所有接到之销毁报告摘要录呈。

第九条　遇档案在档案室中对于人之健康、生命或财产有极大之威胁时，档案馆馆长得立即设法销毁，但事后仍须遵例具报国会。

第十条　国家档案馆中之档案须销毁时，亦遵例具报国会。如原有此档之机关尚存在而同意销毁时，则可不必再报告国会。

第十一条　所有档案，须依法方能销毁。

第十二条　所有与此法抵触之法，皆属无效。

第十三条　销毁档案之选择，须区别古档及近档。古档宜过而存之，重复古档自可销毁，但当以纯重复者为准。纯重复之意义非指所含内容相同，必须文字、形式上按字按句相同。

第十四条　凡关于赋税、不动产、法律、裁判、争议、建筑、财务、地图、方案及可为先例以资援引之档案，不得销毁。

第十五条　全国档案委员会应规定，在全国各机关档案室，在国家档案馆中，在某特别选定储档处，某种内容、某种形式之档案留存及销毁之期限。

第十六条　销毁档案之时间，全国各机关之档案室，宜每年举行一次或二次，最好在抽移时行之，于新旧机关接收时、交替时行之，于移档至档案馆前行之。

［老档由新档而来］

第十七条　全国档案委员会，应设计规定根本使档案不易体积庞大之方法，在制档之时即注意及之。凡文字简明（扼要）、格式简单、空白减少、字体紧缩、小档案室拒收不重要之文件等均是。

第十八条　各机关之档案应令其分为定期保存卷与永久保存卷两种。其标准数略如左：

（一）关于章制法规、掌故史料、契约账据、计划记录、人事命令、战役军法、会议记录等，可永远保存。

（二）法律规章及含有法规性质之命令、通知、通告等，部务会议记录、人员进退及铨叙事项、终身恤金养老金事项、立案事项、褒奖及荣典事项、登记注册事项、含有历史资料及与地籍有关系者，永远保存。

（三）二十年以外即无须稽考者，如国民政府行政院及其本机关处置例行公事之命令等，保存二十年。

（四）十年以外即无须考查者，如一次恤金考成簿、考绩表、俸给表，保存十年。

（五）五年以上即无须考查者，如公函译文、请愿书、统计材料及调查资料之公文等，保存五年。

（六）其他寻常交际通函之类确无保存之价值者，只保存一年。

（七）已定年限但到限清查后尚须查考者得延长年限。

（八）新案各机关依照规定标准在稿面上加盖保存年限戳记，判行后即为法定。

第三部分 国家档案馆管理方法^①

一、战争档案
（War Archives）

（节录H. Jenkinson之*A Manual of Archives Administration Including the Problem of War Archives and Archive Making*中之Part V War Archives章，在原著中163～178凡16面，共9节21段。）

第一节 导说
（Introductory）

第一段 论普通管档之法，用以管战档，有略加变更之必要。

本书对于管理档案之理想方法业已加以讨论，但亦不讳言：档案家可以因环境情势而为折中之论，自不能废弃基本原则，但实施之时，支节之处，琐细之法不妨加以变化。某一特别时期之档，内容复杂纷歧之档，处理之法更宜有所折衷（中）。惟万变要当不离正宗可耳。过去之档案想不致有若何问题，亦希望将来之档案亦可能吾人所定下之理想方法以处理之。而过去之大战时期中之档则诚一群特别之档案也。吾人固已在战争中对于处理档案得到若干之经验，但非指销毁档案而言。战争亦为科学发明之良时，经济发展之良时，一切一切均觉巨大繁复，从古未有。

第二段 提出战档，何者可用一般之方法，何者须特别讨论。

吾人之职责，既非注意历史材料方面之重要，亦非对于储藏此项战档之方法，有若何之建议。吾人可以作如是之言论：（一）如吾人不能将此次战争

---

① 题名为编者所加。手稿原文此处注有"档案行政学 参考材料之一"字样。——编者注

所留下之遗，安然容易可以获得者，而仍不加保存，后之人将予吾人以极大之责难。（二）此种遗物乃各方面之经验而成。（三）此种战时行政机构中之遗物，较其他一切文物为有意义。吾人知道，在平时一般民众与国家、与政府各机关发生关系之机会少，而因此产生之文物自亦不多，但在战争之时全国动员，各方之人物均与国家发生密切之关系，因此而产之文物关系于全民众者自亦较多。至于可由此等材料中可能抽绎何等意义，则当让历史家及经济家等自行研究，吾人于此自可不置喙。即使为之，此亦为管理档案后期之事。即使假定储藏问题业已解决，分散问题业已解决（housing problem, and decentralization problem），战档之征集收藏（Collection）仍是档案家严重之问题。自然，其中若干问题为普通档案上之问题，可以用处理普通档案之法处理之，如收受（Document Received）、发布（Document Issued）、流通（Document Circulated）。在机关中之问题，如基于行政机构而将档案分为若干档群，如必须保持档案之公正之性质、确切之可靠，故许多档案上管理之问题均无须变更原则，例如适宜之储藏、适当之排列、适当之检查参考等种种规程、适宜之印刷出版等，于此吾人前已研究讨论，并无若新意新法可言。然而仍有若干新的问题，如战档体量庞大、制造时间之短暂、多数机关之忽兴忽撤、制作管理之幼稚、机关内部人员录之混淆、转移之迅速，即档案自己本身行政之功用尚未消失前，已于历史家与档案家所注意。所有以上种种问题，均非特别加以讨论不可。

第二节　第一须考虑者
（The First Consideration）

第三段　保存档案为第一先决问题。

吾人极望政府当局对战档问题有一全盘之考虑，历史家能用科学以研究之，而大规模之工作计划则仍须着重于档案本身之处理。在前之会议中各方面已各就其自己方面之理由与观点，对于此事发出各种不同之意见与争论矣，或则主张立即收集编辑各部有关战档之材料，或则主张集中力量于地方史（Local History）方面，种种说法，莫衷一是。过去所成立之档案委员会等多注意在其立可供历史家之用，而此并非收存档案之主要任务，诚属恨事。今日经济、时间、人力均难好好应付如此众多之战档，但吾人敢将最重要之点述之如下：

"为档案本身计，吾人应努力于：保存可能范围内最完备之战时档案，凡在公私行政机构中各种有关之文件皆属之，事先并不预分轻重轩轾，须直至第一目的——保存——达到时，再行考虑其他之所谓主从轻重问题。"（"On archive grounds, for the devotion of all there is to: the preservation of the completest possible records of war effort as shown in the written remains of every kind of local and public administration with no thought for sectional and secondary interests to until that first object is complished！！"）

"吾人眼中之战档不过一堆英国各阶层对于战争努（力）之遗物而已。切勿对于档案混进其他某事某业之主观见解，如劳工问题、实业问题、训练妇女于铜铁铸厂中工作问题等，诚均可在此战档中获得材料。此正可证明保存此等档案为第一要义，且应保存一完备无稍有缺陷之档案（the preservation of a complete body of archives of unimpaired quality）。"

第三节　档案之积量及选择问题

第四段[①]

对于档积（Bulk）不必多加讨论。战档数量之大，皇家委员会业已言之甚详，故今之问题在如何去取（Weeding）。不比讨论将来之档案，尚有雍容商讨之余地，对于战档，目下即须设法储置故也。现可以言：欲为过去档案立一安全合理之选取原则，实不可能。而对于将来档案尚可于文件尚未成为档案时，事先设法予以简择。上次之战档，当系属于过去之档案（Archives of the Past）。但同时吾人势不能全部保存而必须加以简择，故简择之时惟有以调和折中之道行之，即既用将来档案简择之法，又用过去档案简择之法，又须注意工作时间之不可太为延长与迟缓，及尽量顾及与现行业务间之地位与关系，此亦即吾人向来主张可以销毁档案之适当时机。最后，不但销毁简择之方法，即主持销毁之人职亦须合乎吾人之理想，即须于（与）现行行政机构有密切关系之人物。此于后节，尚当再加讨论。

---

① 手稿原文缺段名。——编者注

第四节　中央战档与地方战档之关系

第五段　中央战档与地方战档之储藏整理方法之同异。

中央战档虽多，自在管理、类藏方面观之，用平时处理档案之办法加以扩大，大约即可适用。至于公私或半公半私之地方战档，则须有较为特殊之设备与较为特别之处理方法（require special care and special provision）。此点皇家委员会公档报告中业已论及。今关于管理室（Custody）及管理人（Custodian）尚须加以说明。

第六段　须先造一初步之目录。

一部分地方战档已有安全之计划，因其乃附属之机关战前业已存在，战后仍继续存在，且其中本有保管档案之机构如县政府、镇公所等是。一部分机关，虽系独立机关，不随战争而生灭，但对于收集保管档案一事不甚熟习（悉）。另有一部分机关则乃战争之产物，随战争终了而消灭。因之其档案往往流入私人手中，且更有究流入何人之手亦不知之者。故为今之计，在尚未收集聚于一处之前，应将所有关于公私之战档先造一初步之目录，以供研究。

第七段　公私机关在战争期中关系之密切。

以上所言，目的在注重说明公私机构之连（联）系，盖表面上私家机构似与公共机关甚少关联，但其一切行政组织仍受公家机关所定规程之限制。在战争期中公私关系更觉密切，个人行动必受国家之管制。所有个人以及地方之小机构，工作虽各不同，其目的则一。而此项目的悉由中央政府之战争机构指挥管制。

第八段　机关行文之情况及复本之销毁。

以上之考虑，对于战档之销毁与选择似有一新原则遵循之可能。譬如此机关之收文（In Letter）必为彼机关之发文（Out Letter）。故以普通行政机关办事行文之常例言之，彼此往来文件必各有一份，只收发文之名义不同而已。以名义言之，机关或有高低之不同、公私之歧异，两方对于该文之利害关系亦不能相同，故不能遽云何者何以销毁舍弃。且以档案销毁之原则言之，当以该保存档案机关之现行内在之需要（The Current Internal Needs）为主，但战档情形比较特殊，似有有调和方法之必要。各级机关既有密切联系，岂不可以此为准则而作较经济之档案保存耶？在一行文中吾人可假定：A文为中央与省者，B为省与县者，C为县与区者，D为区与乡镇者，E为乡镇与保甲者。则A—B、B—C、C—D、D—E各组可视为行政过程中之一部分，其一方面之文即可销毁。此点以后尚可再加讨论。

第五节　地方战档处理前之必要工作

（ Necessary Work Preliminary to the Settlement of Local War Archives ）

第九段　编列战时机构行政系统表。

前段主张对于地方战档，应先编一地方行政机构之目录。其次即将此等机构依管辖系统排列成表，上自部院，下至最小之机关。凡一切战时之医药、军火、粮食、兵役等机构均包含在内。在未实行此事以前，试让吾人考虑对于战档之减少（Reduction）吾人主张用调和方法一点，他人有如何之批评。

第十段①

第一，与向来认定之原则相背（悖），即一案之两本应择第一本或原件保存之。吾人于此可设法，不将AB间一事之原件与副本销毁，而各毁一方之发文件可也。惟此点将使一事过程之文件分存于两处，亦可遭反对。

第十一段　两本若不细加校阅，难定其必同。

第二，档案之销毁须经存毁两本逐字逐句仔细之校对，否则仍可反对。但此在战档中殊有不可能者。盖若不逐字逐字（句）校阅，不能认为两本是否真正相同或相异。此本与彼本，常有同异之辞字，常有有错误与无错误者，常有一本新加若干辞字，一本无之者。近代之书写、誊抄、复制之方法，虽能减少两本若干之不同，然亦难保证两本之必无脱误与改正也。如采上述之法，故仍不免冒若干之危险。

第十二段②

第三③

---

① 手稿原文缺段名。——编者注

② 手稿原文缺段名。——编者注

③ 手稿原文"第三"后无内容。——编者注

第十三段[①]

同时，举行档案之销毁，无论规模之大小，均须慎重。即须先具销毁清单，仔细校对其有无重本，而理出各藏档机构彼此与中央行政机构之隶属统系与关系。为此自须相当大之力量，但其结果则甚重要。此从来少见之行政系统史一出，则对于从来少见之大量战档，可得一清晰之形式及互有关联之统系。

第六节　记录、备忘录、报告、见闻录及其他特种档案
（Minutes，Accounts，and Other Special Archives）

第十四段　先作报告，无副本者，不宜遽加抽毁。

前已屡言，各种档案同等重要。如则为保存经济而酌毁战档，其原则应不异于他种档案之销毁。而抽毁之时势不能对于各类各宗档案均用一致之法。当依其自身之价值而定去留，每种每宗档若不送经仔细审查，亦难逃不当之批评。故最先即当将战档中之记录、备忘录、报告、见闻录作一详细检讨与报告。若他处无此档，无副本，或只摘要，均不宜遽加抽毁。

第七节　收集与排比
（Collection and Arrangement）

第十五段　临时之藏置与排比。

为工作迅速完妥起见，第二步即须将收得之档加以排比，而一起临时藏度之。此当系一临时过渡储藏性质，将来也许将有更完善更永久之措施，故希望有志于此项战档之人，设法完成此保存之业。但其问题为：何人将担负此事业？如何进行？

第十六段[②]

前已言过抽毁档案除激烈革命之法外，其可实行者为……[③]

---

① 手稿原文缺段名。——编者注
② 手稿原文缺段名。——编者注
③ 手稿原文此后无内容。——编者注

二、机关档案室规程

（此本曾经改正者。毛坤，卅二年十月廿六日。）

［木女＝"档案"二字，排字时仍排"档案"二字。］

机关中档案室规程

第一章　总则

第一条　本机关档案暂依本规程处理之。

第二条　本规程依据本机关规程第几章第几条或本机关第几次会议之议决案订定之。

第三条　本机关或本机关内某部分之档案均由本机关或某科、处、组直属之档案室集中或全权处理之。

第四条　本规程限于处理本机关现行普通之档案，某时以前之陈老档案或某种类之特别档案，另定规程处理之。

第五条　档案室处理档案时各项工作之范围如左：

［保密］

（一）归档与典收；（二）登记与分类；（三）编目与索引；（四）编卷与装修；（五）庋藏与防护；（六）调阅与归还；（七）抽移与销毁；（八）检取与清查；（九）统计与报告。

至于公文之收发承办、缮校考核等手续，本机关另有专司部分及规程处理之。

第六条　档案室之组织依本机关之规定为主任一人，何级何薪所管何事；科员或办事员几人，何级何薪所管何事；书记或录事几人，何级何薪所管何事；工役几人，何级何薪所管何事。

第七条　档案室之一切费用均由本机关统筹规定。本室不另设人员管理处置经费事宜。

第八条　档案室所有员工之人事问题，为任免、保荐、考核、奖惩、抚恤、差假、进修等项，均由本机关人事主管部分处理之。

第九条　档案室每若干时全室所有人员共同参加工作会议一次，以求改良

档案管理之方法。

第十条　档案室内各项办事细则，由档案室拟定，呈递主管部分核准后施行之。

第十一条　档案室所用房屋以光线充足，空气流通，在机关中地位比较适中，建筑比较坚固而与其他房屋隔离及防火避尘者为主。

第十二条　档案室应用之器具物品若系普通物品，照本机关一般领物方法具领应用；若系特用物品，由档案室拟具图样详加说明呈准后交事务部分订购之。

第十三条　档案室一切应用器材物品，仍须造具清册以便保管。本机关内各部分与档案室来往函件另行保管，称本室档案。

第十四条　档案室保有档案室图记一颗，可以档案室名义向本机关内各部分分别行文，不得单独用档案室名义向外行文。

第二章　归档与典收

第十五条　凡总收发或科收发归档时，应备归档簿或用收发文簿填明：（一）归档日期；（二）收发文号；（三）来去文者等项。

第十六条　档案室点收归档之文件，按归档簿逐件核查，如无错误即于归档簿上盖档案室或典收人印章接收之。

第十七条　特种成批之档案归档时，应由档案室指定专人典收之。

第十八条　凡非规定中正常之文件或大量印刷之复本等，档案室得述明理由暂不收受。

第十九条　归档典收每日应规定一定之时间为之，以免纷繁。

第二十条　归档文件与归档簿不符者，得述明不符之处暂拒绝收受。

第三章　登记与分类

第二十一条　归档文件之总登记，凡有收发文报告表或油印表者，即以收发文报告表或油印表为总登记簿。

第二十二条　凡机关中无收发文报告表或油印（表），而仍有将文件总登记之必要者，将所有归档文件一律登记于特制之档案登记簿中，簿中应具录：（一）登记日期；（二）登记号数；（三）文件内容；（四）办理经过等项。

若欲登记更为详细者，可具录：登记日期、归档日期、收发日期、登记号数、收发文号数、原文号数、来往处所、文别事由、件数附件、承办处所、何处归档、办理因果、点收人、档号等项。

第二十三条　登记号数依收发文号数，或由档案室依其收到之先后，另编号数依序登记之。

第二十四条　机关中收发文用同一号数者，可用收发文总簿一簿登记之。收发文各用不同之号数者，可分立收文登记簿及发文登记簿登记之。

第二十五条　凡电报密件及其他特种文件，得另立登记簿登记之。

第二十六条　有必要时得将文件依司、处、科、局或门类项目分别立簿登记之。（注：现今各机关档案室多以事繁不加登记，节其力量以便致力于分类编目者，上条所谓依各司、处、科、局或其门类项目登记已属分类范围。）

第二十七条　文件登记后按其性质分别分入各类，并将应得之分类号码书于文件上一定之处。

第二十八条　分类号码之下尚须再作区分者加编次号，次序或依立卷先后之案号次序，或依案名首字字顺之数目区别之。

第二十九条　分类系统表应视其所属机关之职掌及可有之档案内容事先制备，依大类、中类、小类抄写成表随时应用。

第三十条　分类法须合于：（一）重机构；（二）优伦序；（三）富伸缩；（四）配符号；（五）具说明；（六）详参照；（七）附索引；（八）严细分；（九）便记忆；（十）合实用等十大原则。

第三十一条　一文涉及某大类下之数小类者分入大类。

第三十二条　一文有旧案者或与某案有关连（联）者，应尽量设法分入旧案或与其有关连（联）之案。

第三十三条　一文内容只讨论一事，但可分入两类或两类以上者，分入较着重之一类。不易分别轻重者，分入分类法中在前之一类，其余可入之类填互著单，放入其拟入之类别中。

第三十四条　一文内容不只讨论一事者，分入常阅或在前一事应入之类别中，其余之事填别裁单，放入其应入之类别中。

第四章　编目与索引

第三十五条　档案室依情势与需要，全编或择编：（一）档案分类目录；（二）档案立案案号登记簿；（三）档案要项索引；（四）档号文号对照表簿。

第三十六条　每立一新案即依次予以案号并依次登记于簿中，称档案立案登记簿，以便管理员之清查与典交，具录：（一）号数；（二）案名；（三）本数；（四）件数；（五）附件数；（六）全案经过时期；（七）类别等项。（注：机关大档案多者须分门分类编制立案案号登记簿，至其号序或全用一个号序或各类分立号序均可。）

第三十七条　以案为单位编制档案分类目录，其间具录：（一）案名；（二）案号；（三）时期；（四）关连（联）等项，以便检查者依类索阅。（注：若用活页，每小类独立书写较便增加，至于小类下之排列次序，或依案号大小或依其他区别均可。机关大档案多者得分门分类编之以速检查。）

第三十八条　无论类名、案名以及档案中所论及之人名、地名、事名，凡觉必要者可用卡片编成档案要项索引，依字顺排列以便临时检查。

第三十九条　将收发文号与档案号（有用分类号码者、有用案号者）编为档号文号对照簿或对照表。（若用案号则当称案号文号对照簿或表。）（注：此项表簿一般机关每用交叉，或者易致错误，宜用一贯式者。）

第四十条　附件另放者可编附件目录簿，其间具录：（一）号数；（二）案由；（三）件数；（四）文号案号；（五）时期等项。

第四十一条　电报繁多者可编电档目录，其间具录：（一）时期；（二）来电者；（三）来电韵目；（四）发电者；（五）发电韵目；（六）案由；（七）档号或案号等项。此依收发时期排列，或依韵目或来电机关编制之。

第四十二条　密档及其他特种档案得另行编制目录，为提存档案目录、销毁档案目录、抽移档案目录等是。

第五章　编卷与装修

第四十三条　凡性质相同之文件编为一案，给以适当之案名。每案各有其分类号码，必要时加编次号码（参看第二十一条），总称档号。

第四十四条　立案之方法，其内容以讨论同一事由者为主，其名目以简括醒目为主，譬如法规类以一种法规为一案，组织类以一机关为一案，人事类以一级或一人为一案，控诉类以一事为一案，经费类、行政报告类以机关一年度为一案，会议类以会议之名称为一案等是。[①]

第四十六条　一案中之文件一件至三十件以内者订为一册，以外者分订之。或不满若干件者不订专册，暂编为杂案册。

第四十七条　杂案中各案仍各立案名，予以编次号放于一册之中，全册给以该各案应得之总类号，下加01、02等以表示杂案及册数。

第四十八条　杂案中某案发展至若干件时，提出订为专册，外书其本身应得之档号。

第四十九条　某案初起时即可预料其必致发展者，即订为专册，不必等至若干件时方为订立专册。

第五十条　一案内之各文件以收发日期为序，早者在前，晚者在后。必要时得依人物、依地域事实等将案中各文件另加次序。

第五十一条　附件以附原件后为主，不便附入原件者予号码另放，原附两件上各注明之。

第五十二条　秘档、特档等可另行编制，册面注明系属何种档案，以便取放。

第五十三条　各案册首装置案目表依次登记，案中或册中各文件，其间具录：（一）文号；（二）事由；（三）附件等项。

第五十四条　册面标明：（一）案名；（二）册数；（三）类目；（四）档号；（五）起讫时期；（六）件数等项。

第五十五条　各卷不论结束与否一律加以装订，惟已办结束之案可作较牢固之装订，未办结束之案可作较活动之装订。

第五十六条　装订之法普通用皮纸条穿订，欲其牢固可用针线穿订，欲其活动可用铜钉穿订。

第五十七条　装订文件之时，或固定于册面之双面，或固订于册面之一

[①]　手稿原文此条后有涂划删去的"第四十五条"，文字为"第四十五条　立案之方法其内容以讨论同一事由者为准其名目"。疑因与第四十四条重复而删，但其后条款序号未作更改。——编者注

面，或仅订文件而活放于册面之中。

第五十八条　装订文件之时以齐下、左两边为准，大者截之（有谓档案应保持原形，不宜截者），小者接之，阙者补之，破裂者牵连之，宽大者折叠之。

第五十九条　每次文件分类后应行编订者先为分集（可利用层格之分排器），依式整齐之，然后旧案分别加入旧案册中，新案另立新案卷册。

第六十条　入旧案者查出旧案，散开之，依序将新来文件加入并填册前之案目表。

第六十一条　案册封面以坚韧之牛皮纸或裱纸为之，四围较文件稍大以资保护。

第六十二条　旧有案册破损者，须随时提出修补或改装以资耐久。

第六十三条　档案遇有水火、盗贼、空袭、战争等损坏凌乱者，须急为清理补苴，实行拍灰、摊开、压平等装修工作。

第六章　庋藏与防护

第六十四条　档库宜坚固敞朗，南面开门，东西开窗，大小能容本机关现在及将来相当时期内之档案为主。

第六十五条　档柜、档架、档箱、档橱在档库中东西成列；库边放单面之架柜箱橱，库中放双面之架框（柜）箱橱。架柜箱橱之间其距离须供取档人员有回旋之余地（一公尺或七十五公分）。

第六十六条　档册依档号或案号立放或平放于架柜箱橱之中。

第六十七条　陈年老旧之档案或抽移鲜用之档案，平放或立放于架柜之中。现行常用之档案立放于档箱之中。秘密或特别之档案可横放于档橱之中。

第六十八条　架柜箱橱之长宽高深及层格抽屉之多少厚薄，依档案之横放立放及公文之大小标准（二十一公分宽，二十九公分高）计算决定之。

第六十九条　架柜箱橱上之便用附件及管制附件，如搁板、锁钥、穿条、标框、撑扶等，应尽量设置以便应用。

第七十条　档库之中或箱头橱侧应设置灯光，以便黑暗之时或夜间应用。

第七十一条　平时对于档案之防护即须作急时档案防护之准备，如加复本、减体量、选精华、高墙垣、坚储器等是。

第七十二条　慎选管理人员作道德上之防护，详立保用规章作法律之防护，注意疾病传染、偷窃污损、水火风尘、虫鼠烟热，作物质上之防护。

第七十三条　遇空袭攻击及其他紧急事变时，以迁地避让为宜。迁避之时须注意选择档案之内容、装储之器具、负责之员工、迁去迁回之时间、迁避地点之设备与管理等项，以免临事慌乱。

第七章　调阅与归还

第七十四条　档案室应编档案室一览或档案用法，内详档案之内容、各项表簿目录之用法及取阅归还等手续及规则，以增进调阅者之了解与便利。

第七十五条　其他机关调阅本机关之档案者，须具正式公文，经主管长官之核准，方能依法借阅。

第七十六条　机关中各部分人员调阅档案者，须经其主管科长核准。

第七十七条　调阅档案时以人员之个人名义调阅，不以机关各部分名义调阅。

第七十八条　调阅秘档或特档等，须经科长以上之长官盖章。

第七十九条　第一次调档者，由档案室设借档登记簿，具录：（一）登记号数；（二）借档者之姓名及所属部分；（三）职务；（四）证明人或核准人；（五）登记年月等项。

第八十条　调档者第一次调档须填或由档案室代填借档证，具录：（一）借档者姓名及印鉴；（二）登记号数；（三）所属之部分及职务；（四）此证有效期间；（五）长官某某证明盖章；（六）调出档案之档号或案号；（七）调出之时期、归还之时期等项。此调档证依调档者姓名排存，藉知某人调有某档。

第八十一条　调档者须就调档单填明：（一）档号或案号或收发文号或档案名称及事由；（二）注明几本几册；（三）附件名称、册数及另置所在号码；（四）调档日期；（五）调档者姓名。此调档单依档号或案号排存，藉知某类某号之档案某人调去。（注：调档单侧可注明"调档须知"，如①号码之填法；②可调之种数；③是否调阅附件；④还卷必须取回调档单等项。）

第八十二条　每一档册中粘附档袋一个，载明档号或案号，空白处可摘印调档规则。

第八十三条　每一档册中粘附期限单一张，其上注明此档应行归还之时期。

第八十四条　调出到期或过期之档案，即发催还单催还，具录：（一）档案之名称、册数；（二）调出日期；（三）档号或案号等项。

第八十五条　调出档案虽未满期，因急于应用须即收回者即发收回单，具录：（一）档案之名称、册数；（二）档号或案号；（三）收回之理由等项。

第八十六条　调出档案虽已满期，调阅人仍须继续应用者，当履行续调手续。续调三次以上者须经主管长官核准。

第八十七条　档案室有调档规则以资共守，其中注明：（一）开放之日期时间；（二）调档者之资格；（三）调档证之填写；（四）每次能调档案之件册；（五）特种档案之调法；（六）遗失污损之规定；（七）还档之手续等项。

第八章　抽移与销毁

第八十八条　档案室所储档案至相当时期（半年、一年、三年、五年），可抽移一次，重要常用者留之，不重要不常用者抽去另储，以省地位及人工。

第八十九条　抽移之法或每次全部移置，或分期，或限期，或选择移置均可，抽移后之储藏器具及排列方法仍须坚固有序。

第九十条　目录及索引表簿等，对于已经抽移之档案须妥为作记，如有卡片索引，可将抽移者提出另排，否则当另编抽移簿录以资查考。

第九十一条　抽移时宜以一案或一册为单位，不以一文或一件为单位。

第九十二条　遇档案体大量多无地可容，或过时寡用防（妨）碍检取，或内容秘密恐其泄漏，或急迫迁移惧为人得之时，得销毁之。

第九十三条　销毁之方法，或火焚，或埋葬，或卖与他人，或赠与他人，或与他人交换，或先行缩照提要再行销毁均可。

第九十四条　销毁之手续先行选择，再列目请核。目中具录：（一）档号或案号；（二）发文者；（三）案由；（四）立案庋藏年月；（五）销毁年月；（六）数量；（七）销毁经手人；（八）审定批准销毁者签盖。

第九十五条　档案室应另订档案抽移及档案销毁细则以便施行。

第九章　检取与清查

第九十六条　检取档案须依一定之线索及步骤。

第九十七条　知收发文号者，查收发文号、档号或案号对照表。

第九十八条　知案由或事件内容者，查分类目录。

第九十九条　知来去文时期者，查收发文簿或收发文油印表。

第一〇〇条　知收发电报日期者，查电报韵目表。

第一〇一条　知案号者，查案号登记簿。

第一〇二条　知文中某种名目者，查档案要项索引。

第一〇三条　特种档案，查特种档案目录或表簿。

第一〇四条　档案室之档案应在规定之时期内举行清查，藉知失误等情形。

第一〇五条　清查时根据档架目录或清册逐一点验，一人叫号，一人查档。遇有遗失、误置、破烂、污损者，彼此作记以便处理。

第一〇六条　全部档案一时难于清查完备者可分期分类清查。

第一〇七条　清查手续宜择年中调档较少之时期为之，清查之前可先行略加整理，必要时得停止借阅相当时期。

第一〇八条　清查后实行核销之法，凡（一）调出者；（二）装修者；（三）展览者；（四）暂存出纳处或归调台者；（五）误书误放者；（六）其他处所存放者，均加以核销。无法核销者暂归入遗失档案中。

第一〇九条　对于遗失之档案应尽量考求补救之法：（一）查明责任，报告长官；（二）依据本机关所有各项簿册记出所失档案内容之大概；（三）依据本机关各人记忆记出所失档案内容大概；（四）依据档案之来去文机关记出所失档案内容之大概；（五）经长官批准核记后重新归档。

第十章　统计与报告

第一一〇条　档案室应保持编制有关之统计与记录。

第一一一条　应保持关于人之统计与记录，如档案室工作之人、调阅档案之人等是。

第一一二条　应保持关于所有档案之统计与记录，如保存档案之统计、调阅档案之统计等是。

第一一三条　应保持关于档案室所有费用及器物之统计与记录，为经费统计及所用器具材料统计□□□等是。

第一一四条　每相当时期档案室应造具报告，或月报，或季报，或年报，酌量情形为之。

第一一五条　档案室报告内容应具录：（一）负责人员；（二）组织纲要；（三）内容与设备；（四）活动之情形；（五）应用之方法等项。

第一一六条　档案室若有新计划时应造具计划书，其中应具备文字上之说明及图样、表格之样式等项。

附　则

第一一七条　遇本机关档案管理须变更时，本规程得改订之。

第一一八条　本规程改订时由档案室负责人，或指定熟习（悉）本机关档案管理情形之人主稿，呈准主管长官施行之。

第一一九条　档案管理方法有变更时，规程有改订时，对于未经变更改订时所处理之档案应确定：（一）或旧案完全不变，新档实行新法；（二）或立即将旧档改为新法；（三）或旧档渐次改为新法。

第一二〇条　本规程所用之各项名称，有在前条中未加解释者。兹解释之如下：

（一）门、纲、类、目：均系分类名称。

（二）案：同一事由之各文件。

（三）文、件：一次收发之单位。

（四）附件：必须附于另外之文件方可知其究竟者。

（五）卷、宗：与"案"字略同。本规程不用"卷"字、"宗"字为单位。惟指档案册子而言，有时用"卷"字。

（六）册、本：为装订之单位。本规程用"册"字不用"本"字。

（七）案目表：案册前所置叙述册中所包含各文件之目录。

（八）目录、索引、表、簿："表"乃旁行斜上之文。"簿"乃暂时应用之具。"索引"简略以供速检。惟"目录"郑重，精详完备，为永久应用之锁钥。

（九）收发文号、收发文同一号、收发文油印表：收文时、发文时各予以号码以便清查，谓之"收发文号"。收发文只用相同之一个号码者，谓之"收发文同一号"。收发处将每日收发文油印成表，送机关内各处参考应用者，谓之"收发文油印表"。

（十）档号：即分类号加编次号及其他符号。

（十一）立案号：即每立一案依次予以号数之谓。

（十二）登记号：即文件进入档案室依次予以号数而登记之谓。

（十三）对照表：指收发文号与档号或立案号互相对照之表。

（十四）互著单：分类时文件全部又可分入别类之说明单。

（十五）别裁单：分类时文件一部分又可分入别类之说明单。

三、管理档案计画（划）书及某机关档案室管理规程①

（A）文字说明部分

（B）图表格式部分

（C）分类项目部分

（D）某机关档案室管理规程

（一）文字说明部分

0.项目目录

①签呈；②绪言或缘起；③本机关沿革略述；④本机关过去档案管理之大略情形；⑤过去办法之优点及应行补充改进之处；⑥今后管理中应行采取之几个基本原则；⑦人事之调整；⑧档案室与收发室及文书处理时应行采取之连（联）络；⑨档案之登记与分类；⑩编卷与装订；⑪上架与保藏；⑫目录、索引与检查；⑬出纳；⑭清查；⑮老档之整理、提存及销毁；⑯特种档案之处理；⑰余论。

---

① 此节目录列有"文字说明部分""图表格式部分""分类项目部分"和"某机关档案室管理规程"四个部分，但内容只有"文字说明部分""图表格式部分"。"某机关档案室管理规程"可参见本书第三部分之"二、机关档案室规程"。——编者注

1.签呈

在计画（划）中，时时向主管人员请示，事较小者可口头请示，较重大者用签呈。计画（划）中应用若干次签呈无定数，但至少应有两次，第一次之目的在请求指示方略，第二次之目的在请求批准所拟完之计画（划）与办法。前者之内容应提及者：①受命之经过；②自己谦让之词；③条举拟议，请逐一指示；④请给以相当之时间以便考察；⑤请给以相当之便利以便向外之机关参观；⑥请示某某人员帮助；⑦先须用某某物品或材料；⑧草率不当之处请求原宥。后者之内容应提及者：①遵照主管长官之指示；②参照他机关之方法；③根据本机关之可用之方法；④参用本机关老旧人员之意见；⑤拟成如是之计画（划），请求指正批准或转呈上峰指示批准；⑥行用此法时，人员、手续、物材容须增加或较繁复，但有较大之利益；⑦如有难明之处，可随时呼问。

2.绪言或缘起

绪言中应提及者：①受命之经过；②计画（划）之经过；③承主管人之指示；④承同事之指示与研讨；⑤旧法相当完善，只是工作范围扩大，文件日渐增多，不得不重新计画（划）；⑥所拟方法尚有待于试验，尚有待于改良；⑦尚有待于全机关及档案室同事之扶助与努力；⑧所计画（划）各点并非计画（划）者之特创，不过收集各处所用之方法而加以整齐之而已；⑨不敢居功，一切错误乖谬则仍由计画（划）者负之。

3.本机关沿革略述

本机关沿革略述中应提及者：①国家成立本机关之目的；②本机关之组织大概及主要执掌；③中间曾经如何之变迁，扩大或缩小；④官舍曾搬移过否，曾经遇水火灾害否，曾经过兵乱及其他破坏扰乱否；⑤本机关与其他机关之组织、人事等方面特别不同之点；⑥本机关与其他某某等机关之特别关联；⑦本机关今后之发展与特别任务。

4.本机关过去管理档案之大概情形

本条应提及者：①归档之情形；②登记之情形；③分类之情形；④编卷、装订之情形；⑤编制目录或索引之情形；⑥辅助检查档案之工具；⑦出纳情形；⑧保管及抽移销毁之情形。

5.过去办法之优点及今后应行补充改进之处

本条应提及者：①过去管理人之煞费苦心；②过去管理方法不可磨灭之点；③过去因不得已之原故而生出之缺点；④关于归档登记上之缺点；⑤关于分类编卷上之缺点；⑥关于制目索引上之缺点；⑦关于检查出纳上之缺点；⑧关于保管抽移上之缺点。

6.今后管理中应行采取之几个基本原则

本条应提及者：①金钱经济之原则；②时间（人工）经济之原则；③空间经济之原则；④存优去劣之原则；⑤延长档命之原则；⑥便用第一之原则；⑦保持秘密之原则；⑧尊重档格之原则。

7.人事之调整

本条应提及者：①人固不能浮于事，然事不可太多于人；②须协调；③须平均（权利之平均及义务之平均）；④须尽责；⑤档案室原来之组织系统及应行改革之点；⑥组织及必要之人数；⑦各人之职责；⑧人员之等级与待遇及来源与资格；⑨各项办事细则之拟定及改革；⑩困难之救济及暇时之自修与娱乐；⑪彼此间意见之消除与纠纷之解决。

8.档案室与收发及文书处理应取之连（联）络

本条应提及者：①档案室簿册与收发室簿册表格形式、项目相同之连（联）络；②簿册表格号码上之连（联）络；③人员同受训练、时开会议、互相调用之连（联）络；④处理文书人员应略知档案管理之大概；⑤管理档案人员应略知处理文书程序之大概；⑥档案室应时时予处理文书者以最大之便利；⑦处理文书者应时与管档者之便利；⑧收发文簿之项目。

9.档案之登记与分类

本条应提及者：①登记文件之种类或部别（即某科某室，或普通紧急，或电报电话等）；②各种登记簿册之格式、质料、作法；③应具之项目；④登记单位号数之决定；⑤登记簿之利用；⑥登记之人员；⑦分类之人员；⑧分类表之撰作；⑨类表之类级；⑩类表之符号；⑪类表之活用；⑫类表之增改；⑬分类之基本原则与技术；⑭档案之改分；⑮类号写于何处。

10.编卷与装订

本条应提及者：①编卷单位之规定；②同类码之案卷再如何区分之；

③同一案中之各文如何次序之；④案目表之格式与项目；⑤档码之外是否再用所谓案卷号数；⑥卷夹之格式；⑦装订之材料；⑧增加文件之法；⑨整齐剪截之法。

11.上架与保藏

本条应提及者：①档架、档柜；②档箱、档盒；③档橱、档屉；④档包、档袋、档扎；⑤档案在架橱中排庋之方法；⑥档案室之设计；⑦防避各种损害之方法（水火、虫鼠、空袭）；⑧档标之书写；⑨选择保藏；⑩应用各种物品估价单。

12.目录、索引与检查

本条应提及者：①应作之目录；②现时必须即作之目录；③分类目录之作法及格式；④重要项目索引之内容与格式；⑤目录之应用；⑥索引之排列与应用；⑦辅助检查之各种表簿；⑧收发文号档号对照表之格式及用法；⑨导片、导牌之应用。

13.出纳

本条应提及者：①调卷单；②借者登记簿；③借者证；④档片；⑤借还日期表；⑥催档单；⑦借还手续；⑧借档规则中之要点。

14.清查

此（本）条应注意者：①清查时期之规定；②清查人员之规定；③清查之方法；④清后错乱遗佚及久假不归者之处治及补救方法。

15.老档之整理、提存及销毁

本条应提及者：①行老档截断法？②行老档急改法？③行老档缓改法？④须顾及一面改革一面应用；⑤改革之步骤与时间；⑥改革之人才、经费与设备；⑦提存之规定；⑧销毁之规定；⑨提存、销毁目录之编制与审查。

16.特种档案之处理

本条应提及者：①本机关除普通档案外有无特种档案，如有，是何等档案？②小册子及印刷品；③本机关之各种章则、规程、名册、物单、油印册子及其复本；④本机关之各种论文、著述写本复本；⑤与本机关有关或直属部分或直属机关移来之档册文籍；⑥公报剪片；⑦画片、照片、书画、古物；⑧地图、表格；⑨本机关之秘密档案。

17.余论

文字说明部分，可为文章式，取其明；可为章条式，取其简。凡图称样，凡表格称式。式样与文字分列，不载于一处。于文字处称某图某表，其式样见后附第几图第几式。式样均分为前后两面，前面绘画图表，后面详加说明，说明其用法、特点及其他有关之事项。文字部分之文字须条理清楚，简明实用。先起草稿，次以楷书誊清。装订精雅，纸墨浓白，字里行间洁净无瑕，不必点作句逗。

（二）图表格式部分①

1.档案管理中可能有之图表格式目录

（1）关于组织系统及人事方面者

　　①国家档案机关组织系统图

　　②档案馆室内部组织系统图

　　③档案室内工作进行程序表

　　④机关中档案管理人员训练组织系统图

　　⑤档案室人员之各种记录表

　　　a人事调查表

　　　b人事动态记录表

　　　c人员身体检查表

　　　d人员功过登记表

　　　e人员薪工表

　　　f人员面试记录表

　　　g人员保证书式样

（2）收发室用之各种图表

　　⑥收（发）文戳记式样

　　⑦收（发）文簿式样

---

① 手稿的"图表格式部分"只有"档案管理中可能有之图表格式目录"这一小节内容。——编者注

a同号总收发文簿

（a）左行式

（b）右行式

（c）横行式

b异号总收文簿

c异号总发文簿

⑧收（发）电报簿

⑨向外专送文件（或××）簿

⑩向外专送粘封收条

⑪登报通知单

⑫登报粘存簿

⑬剪报粘存簿

⑭邮电等收据粘存簿

⑮各机关通讯地址簿

⑯对内送文簿

⑰对内移文总簿

⑱收文摘由笺（或称收入面纸）

⑲收（发）文号档号对照表

a交叉式

b一顺式

⑳收（发）文限期报告对照表

㉑收（发）文本数号数对照表

（3）关于文书缮校方面者

㉒处理公文程序图

㉓现行公文稿纸

㉔现行公文

㉕现行公文封筒

㉖缮校印发归档共用簿

（4）档案室用者

　　㉗登记簿

　　　　a立行

　　　　b横行

　　㉘档案室建筑排架图样

　　㉙卷夹

　　　　a中国裱纸平放卷夹

　　　　b牛皮厚纸立排卷夹

　　　　c硬壳直排卷夹

　　　　d卷脊签条

　　㉚导片

　　㉛卷橱

　　㉜卷抽

　　㉝卷架（卷柜）

　　㉞卷箱

　　㉟目录柜

　　㊱目录抽

　　㊲目录片

　　㊳本式分类目录

　　㊴活页分类目录

　　㊵明见式目录

　　㊶案目表

　　㊷分类参见单（或分案单）

　　㊿数目排档图

　　51颜色排档图

　　52地区排档图

㊴字色排档图

㉒档案室购置物品表
㊳档案室订置物品表

㉑归调台
㉒档片
㉓档片袋
㉔还档期限表
㉕借档证
㉖催还档案单
㉗调卷单

㉘运档车
㉛扶档铗
㉒括档刀
㉓截档刀
㉔日期印
㉕自动装订器
㉖长脚铜钉
㉗钻洞锥
㉘硬印机

㉠圆凳
㉑椅子
㉒办公桌
㉓阅览桌
㉔衣帽架

156

（5）其他

⑩号票

⑩号签

⑩号袋

⑩卡片之打洞法样

⑩档案展览橱

⑩档库中档架距离尺度图样

⑩钢制花架式档架图（Bracket Style）

⑩钢制槽板式档架图（Slotted Style）

⑩资料室剪报印

⑩颜色位置排件图

按：以上各种图表式样，比较常用者不多，大约②、③、⑥、⑦、⑲、㉗、㉘、㉛～㊱、㊳、㊶、㊵、㊲十余图，当于平时研究绘下一可以适用之式样，以备临时参考之用。

四、人事机关之功能与性质

（*Public Personnel Administration* by W. E. Mosher and J. D. Kingsley，1936。张国键、郑庭椿正在译述中，其中之第六章已译出发表于《地方行政》第二期中。）

（一）功能（Function）

1.权限区分（Classification Jurisdiction）

2.职位分类（Classification-Duties）

3.补充（Recruiting）

4.（分发）考选及列单送用（Selection and Certification）

5.试用或实习（Probation）

6.考绩（Service Ratings）

7.调任（Transfers）

8.升迁（Promotions）

9.复职（Reinstatement）

10.训练及教育（Training and Education）

11.出勤管理（迟到、旷职、请假）（Attendance）

12.离职（Separations）

13.风纪（Discipline）

14.诉愿（Appeals）

15.待遇（Compensation）

16.俸给名册之查核（Checking of Pay-Rolls）

17.抚恤（Superannuation）

18.陈述困难及建议（Grievances and Suggestions）

19.卫生福利及娱乐（Health and Welfare）

20.工作环境（Working Conditions）

21.职员雇工之组织（Cooperation of Employees）

22.行政长官之合作（Cooperation of Executive Personnel）

23.规程及章则（Rules and Regulations）

24.考查法令实施之情况（Investigation of Operation of the Law）

25.研究及统计（Research）

26.各项年报（Annual Report）

（二）性质（Character）

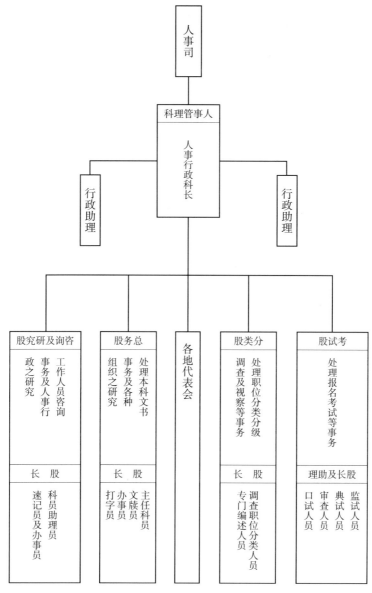

图 3-1　人事机构图①

---

① 图名为编者所加。——编者注

五、图书馆编管程序

（见杜定友《图书馆管理程序》第一编。内有余之修正。）

（一）选书

1.检阅各出版家书目、各科专题书目、报纸上之广告、杂志上之书评、论文中之注释及读者介绍之书单等。如有合用之图书，在书名前作记。

2.选定拟购之书目，每书应制购订卡一张，最好用"三五片"，其中应包含：左横格：定号、定期、收期、实价、查对人作记、核准人作记。右横格：书名、著者、出版时期、出版地、出版者、定价（如有出处，应注明当时合□□□之记）、册数、装订、卷数或期数起讫、备注、介绍人及其住址等项。

3.购订卡片统照书名字顺排列，去其重复。

4.查对违禁书目、已选未购书目、已定未到书目、已到未编书目、已到已编书目等，以免重复及违碍。

5.各卡经核对后，在订购栏内分别注明以便决定选购。

6.将各卡分科（或分类）统计价值以求符合预算标准。

7.开列分科价值统计表，连同购订卡呈请核定。拟购图书统计表（最好用"三五片"）包含：类别、科别、种数、价值、已定余额、总计各项。统计表分图书、杂志、日报三大类，每类若干科，大学图书馆分院。如经核减，应将卡片取销并照减统计。

8.各卡经核定后即登入分科统计账。分科统计账普通每科一页，内容包含：第一横格：某科（下一格月日）、定书预算额（下一格分定号、种数、价值）、实付（下分月日、种数、实价）、余额、备注等项。定单号数俟制备定单时补入。

（二）购书

9.各卡经登账后，照书店及书名字顺排列。

10.根据卡片每店制定单一张二份。定单大小可用"八十一片"，内包含：馆名、地址、商店名、地址、定单号、日期，下列各件请即照配、目次、品名、购订人等项。

11.定单经馆长签章后，正张备函寄发，副张存馆备查。

12.根据定单副张登定单登记账，将定单号数补入分科统计表，如为杂志，应分别用杂志登记卡，注明卷期起止。定单登记账包含：年月日、定单号、商店、类别、种数、价值、定款、收到日期、实收种数、实付、备注等项。

13.登书店来往账，每店一张，购订卡经抄过之后，照书名排列入已定未到书目。书店往来账包含：第一格：商店名称、地址；下格：年月日、定号、种数、价值、定款、收到日期、收到种数、实价、付款、结欠、备注等项。

14.定单副张照定号排列存查。

（三）收书

15.根据发票点收图书，检查页数、图表及有无脱缺等，有则须退。书名、价值与发票不符者须退。书内连页须剖，损破须修。

16.收到赠送图书，按照规程点收。

17.每书书名页上注明某某惠赠，如有注者不再注。

18.每一赠书制赠书卡一张，用"三五片"，其中包含：赠者姓名、住址、年月日、册数、书名、价值等项。无价值者估计之，依赠者姓名字顺排列。

19.根据赠书卡分别函谢。

20.每月收到之书，分图书、杂志、日报三种，各列簿编号登记，所编之号记在底封面内下角。每书盖收到日期印并记下该书实价。收书簿包含：年月日、册数、收书号起迄（讫）、批数号码、签收人、备注等项。

21.收到图书，发票上注明收书号码起迄（讫），加盖收到日期及签收人图章。

22.收到图书每三十部为一批，开列图书递送单，连图书发单及收书簿分批送征集部。图书递送表用"五八片"，包含：第几批书，几部几本，收书第几号，附发票若干张，收到之时间、发出之时间、经过之时间，本批书共若干本经过若干时间，平均每本经过若干时间。发送（时间），收发室填。核对、盖章、登记各项由征集部填经过时间。编号、制卡，编目部填。贴标、入库，阅览部填。各栏由经手人签毕，原单送总务部备查。

23.根据各书书名，在已订未到书目中，检出该书购订卡，核对符合否，否则予以退回或查询，并在该卡上注明日期及实价。

24.根据购订卡之定单号数检出定单副张，注明各书之收到日期及实价，并统计该定单来书之种数及总价。

25.将收到定购或现购图书之总数及总价登入：①分科统计账，②定单登记账，③书店往来账。

26.发票上加签覆（复）核人图章，交会计付款。

27.定单副张照原号排列。

28.缺售书应根据来函检出购订卡，并照前法检出定单，分别注明原（由），并通知原介绍人。

29.收到图书之订购卡夹入书内，俟编目后，通知原介绍人。

30.各项核对登账完备附递送单送出盖印。

31.每书加盖图书馆藏书印。于封面正中，于书名页正中空白处或右下角，于每书正文第一页，于特别密定之页数，于全书末页，于全幅之图表右下角边沿。

32.每书依次登记，每本一号。中西文可分填册数以便统计。来源栏注交换、赠送等情，备注栏内注缺残、遗失等情。登记簿包含：年月日、发号、收书号、册数（中文、西文）、书名、著者、版期、出版处、定价、实价、来源、备注等项。

33.杂志之登记簿，登记项目分：年月日、收书号、名称、册数、卷期、实价、备注。

34.另依杂志名称另用杂志登记卡每种一张，注明月份卷期，项目包含：名称、刊期、地址、定价、定价、定价①、年、月。

35.所有已登记之杂志、日报，将登记号码起迄（讫）、册数列簿分别送出陈列，送陈簿包含：年月日、类别、登记号、批数、册数、签收人、收回日期（年月日）、册数、签收人各项。

36.已登记之图书分批填签图书递送表送编目部。

37.送陈杂志收回入库时，在原送陈簿上签填。

---

① 手稿原文如此，重复的"定价"疑为"实价"之误。——编者注

（四）编书

38.签收图书、杂志、日报。

39.定冠号，如R、T、J、F、B等，或△、×、□、+等，或0工具书、1参考书、2善本书、3三民主义文献、4地方文献、6图片、7剪片等是。冠号记在书名页左角上。

40.定类号，类号在冠号之下。

41.定著者号或书号，在类号之下。

42.两册以上之书加册次或年号。

43.查对排架目录，如有书码重复者、歧出者，设法改正。

44.每书制排架卡一张，其中包含：书码（冠号、类号、著者号、册次号）、登记号、书名、著者、版本、图卷、实价等。

45.每批编完，将排架目录依类排列（即依书码大小排列）。

46.每书制书名目录卡一张，包含书名、著者、版本、书码、排号等。

47.每书制书卡一张，内包（含）书名、著者、书码、登记等项。

48.每书制书标一枚，贴于书脊之上。

49.每书贴书袋一枚，贴底封面。

50.已编图书在购订卡上加注书码，通知原介绍人。

51.已编贴之图书连同书名目录，填图书递送表送阅览部签收。

52.检查排架目录，如某大类超过五十部时，将各小类再行详分，再有再详分。（此法可商量？）

53.改编时，向书库收回各书，由阅览部填具图书送递表，径送编目部。

54.修改排列目录、书名目录及书标书卡等项。

（五）排书

55.各书由书库签收后分别排列。

56.冠号书排入专架或专室，普通书排入书库，各类书应预留地位。

57.各书依书码大小排列。

58.各书名目录依书名字顺排入本月新书目录牌，不分类。

59.每月月终根据新书目录牌编造新书目录，依类排。杂志半年编一次。

60.新书目录编就后，原有目录条应排入总目录内。

61.各类目录卡条依一定之检字法排顺。

（六）阅书

62.送阅览室陈列各书另单签收。

63.每周新书及特题选书另架陈列，撰新书介绍及专题书选说明布告。一星期后排入原架。

64.阅览室内分参考书、新书、专题书、普通书、儿童书、杂志、画报、日报，分别列单统计。

65.统计每日阅书人数。

（七）借书

66.分发借书申请单，由借书人填报，用"三五片"，中含：姓名、号数、住址、职业、性别、年岁、兹愿（遵守图书馆一切规则，申请借阅图书）、签盖、保证人（及其姓名、地址、职业）、核发者及其签盖等项。

67.审查申请单，核发借书证。借书证依次编号，由借书人签收。申请单内注明借书证号码。

68.申请单照借书人姓名排列。

69.借书证备正副二份，正张交借书人，副张照号码排列。

70.每日制备期限卡若干以便应用。

71.借书时，先填取书条，注明书码，向书库取书。

72.借书人交出借书证，填写书码及借出日期及经手人印记。证内含：号数、姓名、住址、书码、借期、经手人、还期、经手人。

73.抽出书卡，填写借书证号码及借期。

74.书袋内加入期限卡。

75.借书证交回借书人。

76.根据书卡上之借书证号码，检出借书副证依次登记。

77.根据书卡登图书出纳簿，包含：借期、书码、书名、借书人、经手人、还期、经手人、备注。

78.借书副证插回原处。

79.书卡照书码分排，统计各类册数，然后将书卡依号数插入已借出之各书卡内。

80.预约图书单照书码附夹在已借出之书卡上，以便还书时通知借书人。

（八）还书

81.检查图书出纳簿，如有逾期未还者，填催书单。

82.签还借书证交还借书人，填还期，经手人加印，然后根据书码检出书卡，注明还期。

83.根据借书证号码检出借书副证，注还期及经手人加印。

84.根据借出日期在图书出纳簿上注销所借之书，插回书卡及借书副证。

85.如有预约单，根据地址通知借书人，预约书另架放存以待借出。其他图书交还书库。

86.借书逾期或遗失者照章发（罚）款。签发四联根收据，一交借书人，一交借书人①，一连款送会计签回，一存查。

87.每日统计还书数目及罚款。

（九）补书

88.遗失图书录簿登记，将目录检出交回征集部补购。

89.检查书架，如有残破图书，检出修补，待修补之书应……②

90.将书卡抽出，注明"修补"二字及发出日期。

91.书卡与其他借出图书照书码排列。

92.另簿登记修补图书，注明取出日期、经手人及交还日期。

（十）查书

93.根据排架目录向书架依号检查。

94.将不在架上之图书书卡登记，另与借出图书之书卡对核。

95.各卡经核对后，在卡片反面加盖点查日期及经手人加印。

96.缺少之图书另行抽出复查。

97.各卡经复查后仍无法检获，则作为遗失之书。

---

① 手稿原文如此，疑有误。——编者注

② 手稿原文如此，疑有脱误。——编者注

98.将排架目录抽出交书库,抽出书名目录。

99.编目部将遗失图书注减统计,将原卡交征集部。

100.根据排架目录之登记号码,在登记簿用红笔将号码划去,并在备注栏内注明注销日期。

101.另列注销图书登记簿,注明注销日期、注销号次、原登记号、册数、书名、实价及注销原因。

102.每年各项工作根据平日报告编造全年度工作报告,并附列下表:

（1）定书统计

　　①定单

　　②分科

（2）赠书统计

（3）藏书统计

　　①原有:中文、西文

　　②新增:各科、各类

（4）编目统计

　　①编目

　　②制卡

　　③新书目录

（5）借书统计

　　①借书

　　②还书

　　③各种

　　④各类

（6）阅览统计

（7）补书统计

（8）参考事务统计

（9）辅导事务统计

（10）人事统计

①职员表

②考勤表

③薪工表

（11）文书统计

（12）经费统计

（13）财产目录

①原有

②新增

③注销

（14）会议记录

（15）章则

六、图书馆档案之分类表

（见杜定友《图书（馆）管理程序》，是书中第二编为"档案管理程序"。）

表 3-1　图书馆档案分类表

1	本馆行政	23	考核
11	法令、规章	24	工作
12	办法、计画（划）	25	迁调
13	布告、通告	26	其他
14	会议记录		
15	报告呈报	3	本馆经费
16	图照剪贴	31	预算请款
17	统计表册	32	决算报销
18	其他	33	临时费
		34	单据
2	本馆人事	35	合同
21	介绍	36	其他
22	委派		

4	本馆业务	6	各图书馆及各书店
411	文书	61	省立图书馆（照馆名字顺排列，下仿此）
412	庶务	62	大学图书馆
413	会计	63	其他图书馆
414	卫生	64	外国各图书馆
415	交际	65	本埠各书店
421	选书	651	中华
422	赠送	66	本国各书店
423	交换	67	外国各书店
424	购办	68	各报馆
425	定单		
43	编目	71	大学
441	借书	72	中学
442	还书	73	小学
443	巡回文库	74	本校
45	参考	741	校长
46	辅导	742	教务处
461	调查	743	总务处
47	训练	744	训育处
48	其他	745	各学院
		75	教育厅
5	本馆书目	76	教育部
51	介绍目录	77	本国其他教育机关
52	新书目录	78	外国各教育机关
53	专题目录		
54	参考目录	8	各学术团体及党政军机关
55	日报目录	81	文化团体
56	杂志目录	82	艺术团体
57	总目录	83	其他团体
58	其他	84	外国各学术团体

85	中央机关	89	外国机关
86	各党部		
87	各省政机关	91	中文
88	各军事机关	92	西文

七、图书馆档案处理法

（见杜定友《图书馆管理程序》第二编。）

（一）收文

1.收到文件依次编号登记，收文簿内包含：年月日、收文号、件数、来文机关、签收人、备注六项。

2.收号由一号起继续编列，每件一号。

3.来文机关根据信封面抄列，无明文者缺。

4.将收文号注明在信封右下角，原封交收信者签收。

5.每日统计收入数目，列入工作报告。

（二）办稿

6.来文经主管人拆阅后，分别批办。

7.凡批"办"字者，交各部拟稿。有"+++"者限即办，有"++"者限二日内办，有"+"者限三日内办，无符号者可略缓。

8.凡批"存"字者，来文即行归档。

9.凡批"阅"字者，来文暂存，一时不归档。

10.凡批"转"字者，转送各部存查，不归档。

11.凡批"销"字者，来文注销，不归档。

12.来文经批办后，将收文号记文首页右上角，并依次登入档案登记簿，将信封撤销，但如有时间、地址或其特殊关系者保留之。登记簿包含：年月日、档号、卷号、收号、来文机关、摘由、批示（办、存、阅、转、销）、备注各项。

13.凡批办拟存之件，除收文号外，依登记次序另给卷号，卷号记在文面左上角。

14.批示栏内照批示各点作"√"。

15.批阅转销之件仍照收文次序登记，但无卷号。

16.拟办各件经登记后列簿送交各部拟稿。办稿者应置办稿登记簿。簿内包含：年月日、卷号、签收人、备注各项。

17.拟稿人拟稿后，签名列簿送交覆（复）稿人签收。覆（复）稿核行后，即照缮封发，并在（连）卷号注明在文面第一页及信面右下角。

［此所谓档号当是指分类号。］

［此所谓卷号当是指Call no.。］

（三）归档

18.来往文同一卷号照档案分类表分类。档案号不敷用时照小数位增加。一文可入二类者入大类（？）。依字顺排列之档案如往来多者，得另定号码，档号分别记入档案簿及文面左上角。

19.各件依号排入卷宗夹，同档号者照卷号排列，文卷太多时得分数夹。

20.查卷时依分类号检查。

21.调卷时由调卷人签发收据，管卷人加注档号、卷号。

22.调卷收据照档号排列，还卷时交回调卷人。

（四）发文

23.发文依次登记。发文簿包含：年月日、发号、件数、收文机关、卷号、交法（送、递、平、快、挂、航、其他）、邮费、邮号、备注各栏。递送方法下分别作"√"。专送文件另列送信簿。

24.送信簿包含：年月日、件数、来文机关、卷号、签收人、备注等栏。

25.邮局回条依日期排列存查（应依发号排列存查）。

26.每日统计发文件数入工作报告。

八、图书馆物品编管法

（见杜定友《图书馆管理程序》第三编。）

（一）购买

1.各部拟购公物应于事前列单呈准。

（1）注明物品名称、数量、用途及价值。

（2）该单交由庶务转呈汇办。

2.购入公物均须备具妥实单据。

（1）单上注明某某图书馆台照。

（2）各件标明单价及总价。

（3）总数应用大写，注明国币。

（4）有商店图章及详明地址。

（5）有发货年月日及收款证明。

（6）印花贴足。

3.购入公物由收发室照单点收。

4.录簿登记某某店来货一单，总价若干。来货簿包含：年月日、商店、货名、总价、保管人、备注等项。

5.各单加盖点收日期及验收图章。

（二）登记

6.各件点收后，原件连单交庶务保管。

7.照单登记物品总簿后，加盖覆签图章，原单交会计付款。

8.物品总簿包含：年月日、号次、件数、品名、商店、单号、单价、总价、备注等项。

（1）凡属财产类应依次编号，每件一号。

（2）各项财产每件标明馆名及号次。

9.登记物品分类簿，每种一张。财产类应附原号码。物品分类簿包含：上横通格：品名、款式、出品人三项；下立分格：年月日、号数、件数、单价、总价、领用人、地点、备注等项。

（三）分发

10.领用物品应具领用单，开明名称、件数、（用途）及签收人。

11.领用单照姓名、部别排列，以便检查。

（四）点存

12.根据物品分类簿编造各室公物表，每半年点查一次。

13.各员交代时根据领用单点存公物。

14.每年编造财产目录。

15.购入、领用及物品数量（余量亦宜注意）应列入每日工作报告。

九、图书馆经费编管法

（见杜定友《图书馆管理程序》第四编。）

（一）预算

1.每年编造预算呈请核准。

2.预算科目表应包含：上横格：科目、预算额（全年、每月）二项；下立格：年月日、摘要、实收、预付、实付、结存、备注等项。

（二）收支

3.凡收入款项均须发给正式收据，依次编号。

4.凡支出款项均须有付款凭单，经主管人核准。

（1）付款凭单应付（附）原始单据。

（2）各单据应照会计法审核。

（3）各单据应具备副单，分类贴存，依次编号。如无副单者，应照原式抄录备查。

5.每日收支各账登入现金出纳簿（流水）。

6.根据现金出纳簿登分类账（分类总账）。

7.根据分类账，如有商店往来货款未清者，登往来账。

8.根据分类账，作每一时期之总收支账。

（三）报销

9.每日收支状况应列入工作报告。

10.每月将支出单据分类编号贴簿，并在现金出纳账内加注报销日期。

11.开列报销清单，注明收支结存数目及单据号数。

12.报销单据呈核。

13.每年年度结束编造全年决算呈核。

预算表应包含：上横格：科目、摘要、上年度、本年度、增、减、备注；下横格：款节、经费名称。

经费名称有以下各项：

经常费

　俸给费

　　俸给

　　　馆长薪

　　　主任薪

　　　馆员薪

　　　雇员薪

　　工饷

　　　工资

　　　饷项

　办公费

　　文具

　　邮电

　　印刷

　　消耗

　　租赋

　　修缮

　　旅运

　　医药

　　杂支

注：民国二十八年七月二十二日教育部颁《图书馆规程》第二十六条"图书馆经费之分配，薪工不得高于百分之五十，事业费及购置费不得低于百分之四十，办公费占百分之十。"

十、公文及图表①

（一）公文

签呈（　　年　月　　日于档案室）

窃职奉　谕管理档案以来将近一月，对于原有之管理办法大致业已明了，但因所拟之分类法尚未就绪，故仍暂用原有办法。今谨将所知拟定《管理本×档案办法》若干则，呈请鉴核示遵。

谨呈

××

职×××□呈

批：1.管理方法大概上可照办，详细俟日内再会商。

2.应购添各件，请黄先生即与傅先生商办。惟硬片甚贵，在预算内有无问题？又卷箱设备最好能制简单格式以求适合目前暂时需要。俟将来时局平靖再做钢橱。

××

管理本 × 档案办法草案

本人自某时至今共有案卷××。原有管理办法经××多年之苦心经营，各方面尚称便利。惟今档案日益增加，原有方法时有须改进者，兹分述于下：

1.管理方面

（1）归档

（2）登记

---

① 题名为编者所加。——编者注

（3）分类

（4）编目

　①编档案分类目录

　②编档案要项索引

　　a名称索引

　　b标题索引

　　c参照款目

（5）装订

（6）排列

（7）调卷

（8）销毁

2.工具方面

（1）购置物品

（2）订制物品

3.图样

（二）图表

档案室用品购订估价表举例

表 3-2　购置物品表（甲）

第几号	名　称	数　目	估　价	备　注
1	象（橡）皮号码戳	一	×元	
2	西文象（橡）皮日期戳	一	中文×8△西文缺货	
3	铜头订书钉（长脚）	十盒	每盒×8元	
4	打孔机	一个	×元	
5	订书机	一个	十×80元	
6	订书针（蜈蚣针）	十盒	□元	
7	瓦特门或卡特墨水	蓝二瓶红一瓶	蓝×8元 红8元	
8	钢笔头988号	一盒	×十元	
9	王云五四角号码小字典	一本	□元	
10	铁书撑	二十付	缺货	

表 3-3　订置物品表（乙）

第几图	名　称	质　料	颜　色	制法概述	数　目	估　价	备　注
1	索引卡片	磅纸	白	见所附第几图第几样	二万张	每千卅8元	收据10000
2	指导卡片二分之一者	磅纸	淡黄	见第几图第几样	三百张	每百文8元	收据200
3	指导卡片三分之一	磅纸	淡红	卡片两两颜色应一样	六百张	每百文元	样1：400张 样9：200张
4	指导卡片五分之一	磅纸	奶黄	卡片两两颜色应一样	一千张	每百文8元	样1：200 样2：400 样3：400
5	归档簿	毛边	白	铅印仿宋字，双面印线格，淡蓝或红色	十本	每本卅8元	每本百张
6	登记簿	磅纸或官堆	白	铅印仿宋字，活页线格，淡蓝或红	一千张	道林纸P×□元官堆廿八元	如用连史者×元
7	调卷单	毛边	白	铅印仿宋字，活页线格，淡蓝或红	二万张	每千□8元	
8	调卷登记簿	磅或官	白	铅印仿宋字，活页线格，淡蓝或红	五百张	升日道林□□官堆□□元	如用连史者×元
9	收发文号档号对照簿	磅或官	白	铅印仿宋字，活页线格，淡蓝或红	一千张	升日道林□□官堆□□元连史卅元	如用连史□×元
10	卷宗分存单	官或毛	白	铅印仿宋字，活页线格，淡蓝或红	三千张	官堆每千□□元连史□元	
11	索引卡片橱	麻栗木或其他	淡黄或棕红		四个		
12	索引橱抽屉	麻栗木或其他	淡黄或棕红		二个		

续表

第几图	名　称	质　料	颜　色	制法概述	数　目	估　价	备　注
13	卷宗橱	麻栗木或其他	淡黄或棕红		甲四十乙十个		
14	卷宗夹	磅	白或奶黄		一千个	连史每个□□□□□	
15	标签	磅	白		甲乙各五千张	每千8元	

［用途］

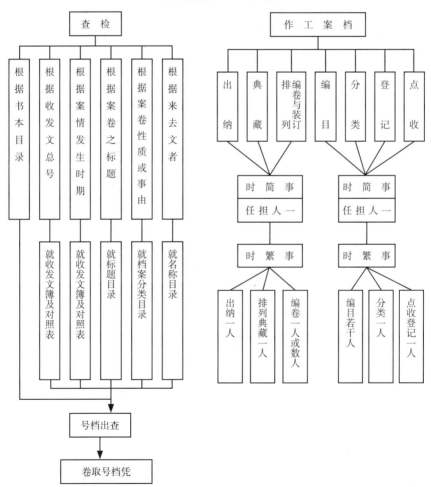

图 3-2　档案学校组织系统图

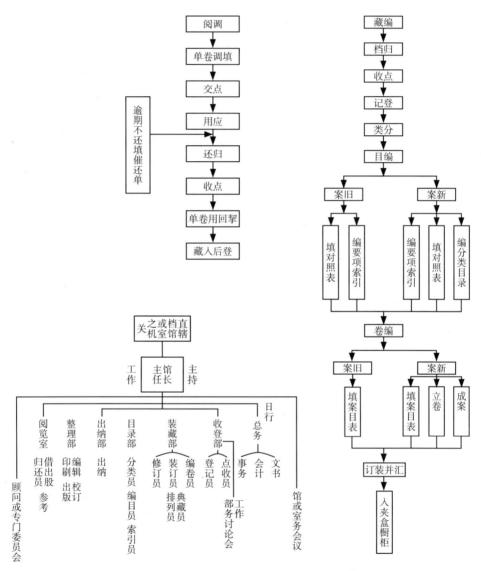

图 3-3 档案馆内部组织及业务工作流程图 ①

---

① 手稿此组图无图名,现名为编者所加。——编者注

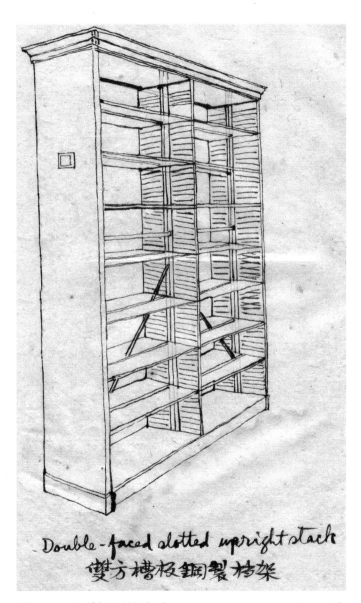

图 3-4　双方槽板钢制档架（Double-Faced Slotted Upright Stack）

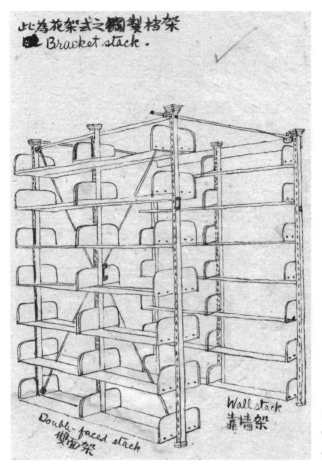

图 3-5 双面架（Double-Faced Stack）及靠墙架（Wall Stack）（注：）此为花架式之钢制档架（Bracket Stack）。

图 3-6 明见式索引（Visible Index）[①]

———————————

[①] 卡片式检索工具的一种。一般由一个或多个金属框组成，每框可装插一批平放的卡片，每张卡片的边部露在外面，上注标题，可按字顺排装，并可随时查看标题字顺、随时调整卡片的位置。手稿此图有图无名，现名为编者所加。——编者注

图3-7　各号数之洞眼及7、7A号洞眼①

（注：）卡片上之洞眼与打洞器（Punches）。所有Rod不同（Rod者，金属圆条也，直径为1/8英吋），眼亦异。眼之号数如图。1、6、9三号圆眼宜打于卡片之中，离底3/8英吋。2、3、4、8、10、11、12、15各号眼打于卡片之下边。5号眼位于卡片之两端，离底高3/8英吋。7及7A号眼系一张卡片合用。13及7A亦系合用。14、16、17、18、19各号为活页簿眼。

① 手稿此图有图无名，现名为编者所加。——编者注

x之长应规定一定　　　a之长亦应一定

181

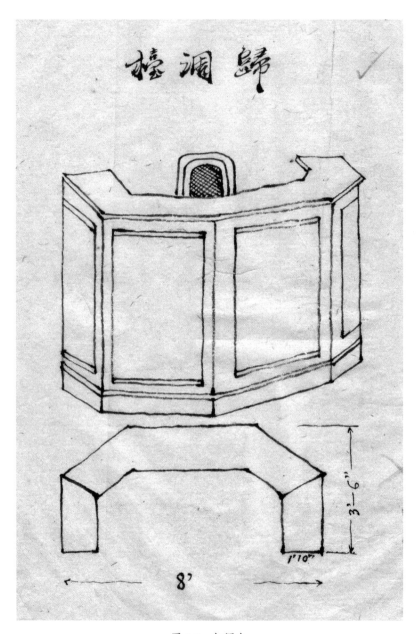

图 3-8　归调台

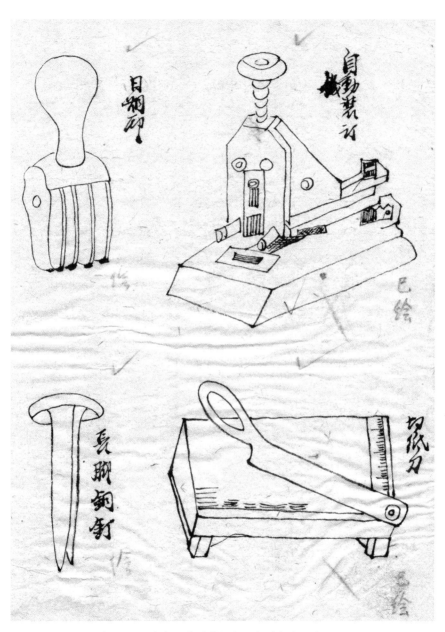

图 3-9　日期印、自动装订机、长脚铜钉、切纸刀

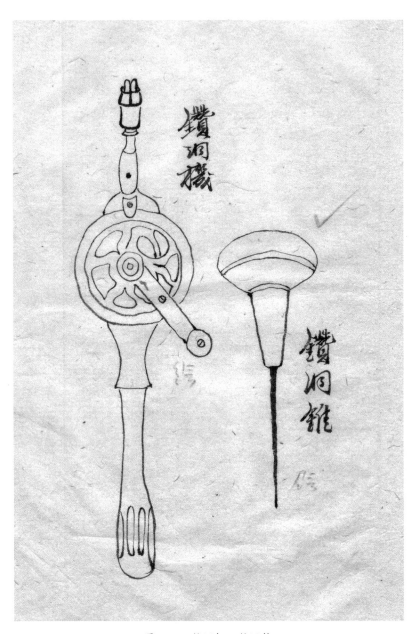

图 3-10　钻洞机、钻洞锥

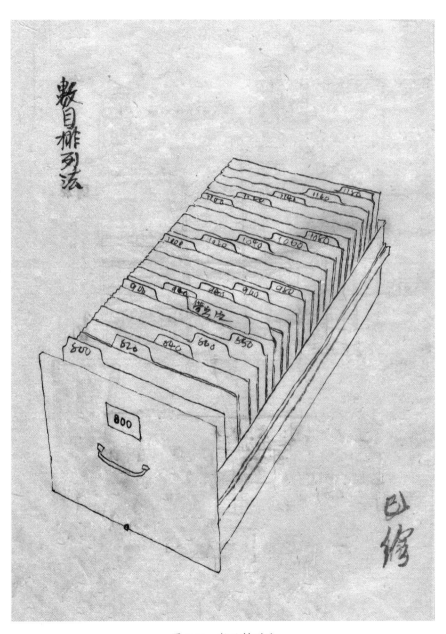

图 3-11　数目排列法

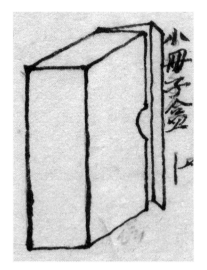

图 3-12　小册子盒

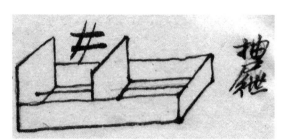

图 3-13　抽屉

表 3-4　活页分类目录

一案一页之活页分类目录

档码			案名							
										文来者去
										由事
										件附名数□目
										号附码件
										考备

活页目录

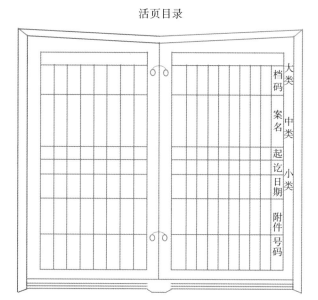

图 3-14 活页目录

表 3-5 活页目录 [①]

类别：大、中、小

33/D13

档码	案名	起讫日期	另放附件号码	备考

---

① 手稿此表有表无名，现名为编者所加。——编者注

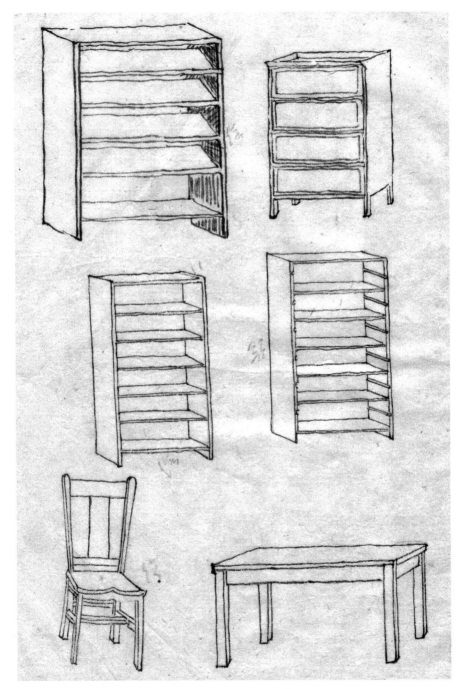

图 3-15　书架、桌椅①

---

①　手稿此图有图无名，现名为编者所加。——编者注

图 3-16　括纸刀、硬印机、书立及档案陈列架 ①

---

① 　"书立"及"档案陈列架"之名为编者所加。——编者注

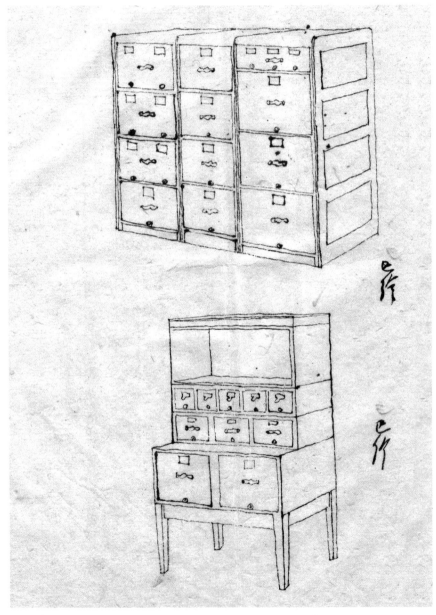

图 3-17　档案柜及索引卡片（橱）柜[1]

---

[1]　手稿此图有图无名，现名为编者所加。——编者注

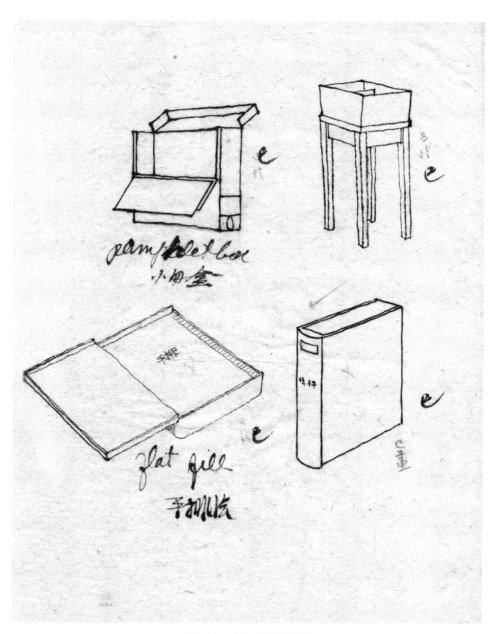

pamphlet box
小册盒

flat pill
平排法

图 3-18　小册盒及平排法

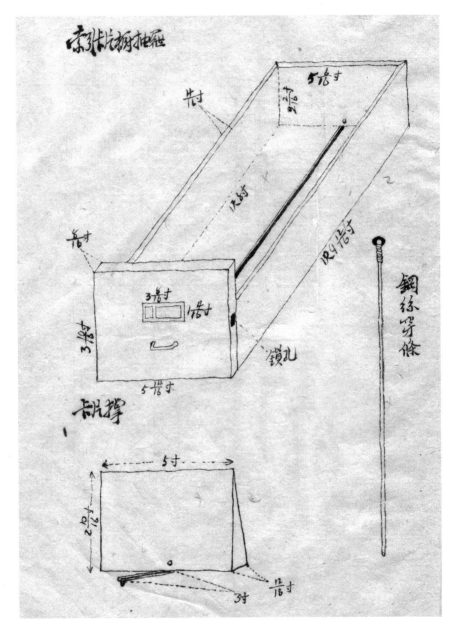

图 3-19　索引卡片橱抽屉、卡片撑及钢丝穿条

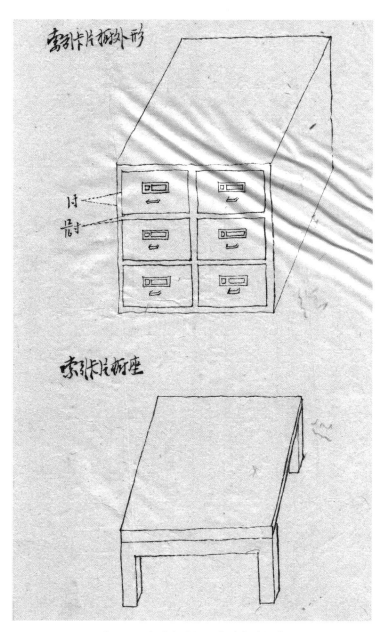

图 3-20　索引卡片橱及索引卡片橱座

档橱 分作五格、每格净
高一呎一吋半、净深一呎、
内格板厚一吋、外格板厚
一吋半、有玻璃门两面、
採两边推动式

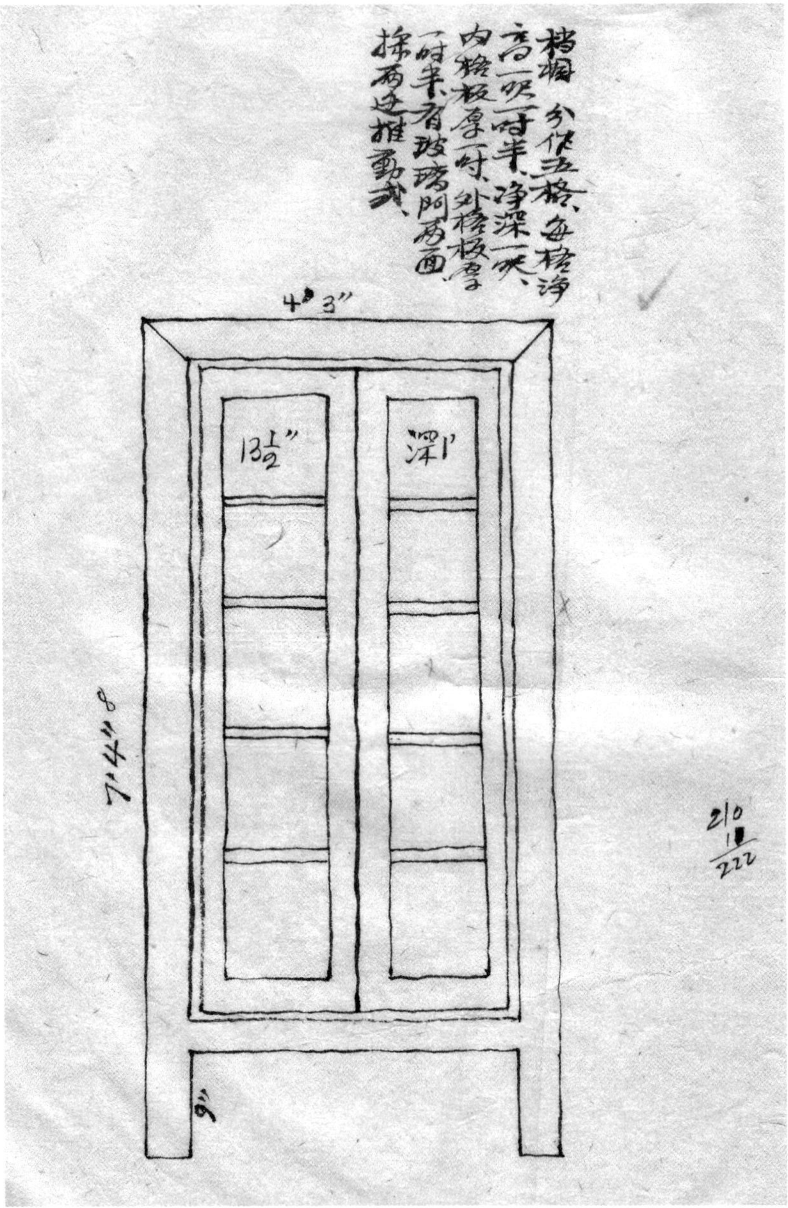

4'3"

13½"   深1'

7'4"8

9"

2|0
─
222

图 3-21　档橱（1）

（注：）分作五格，每格净高一呎一吋半，净深一呎，内格板厚一吋，外格板厚一吋半，有玻璃门两面，采两边推动式。

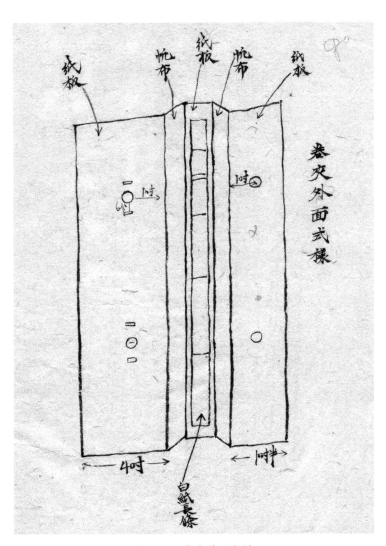

图 3-22　卷夹外面式样

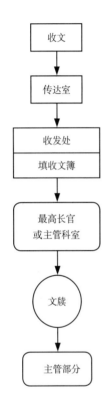
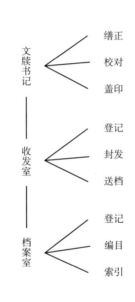
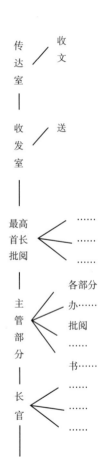

图 3-23　处理文件顺序图（1）

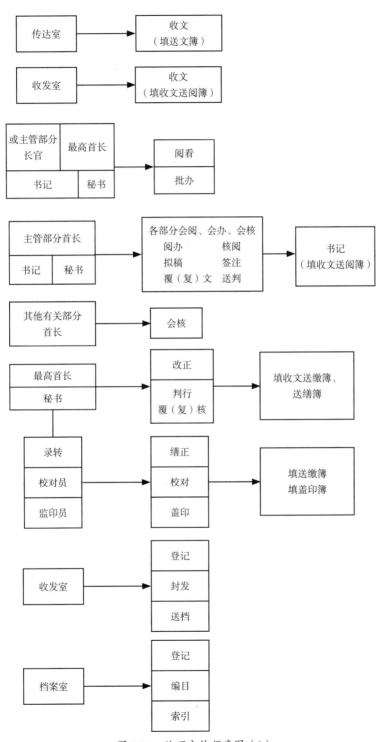

图 3-24 处理文件顺序图（2）

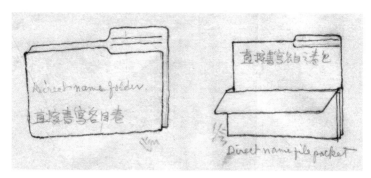

图 3-25　记名文件夹与记名文件包①

（注：）直接书写名目卷（Direct Name Folder）、直接书写名目之卷包（Direct Name File Packet）。

图 3-26　文件封（袋）、持有签②

（注：）Document Expanding Envelopes、Label Holder Envelopes。

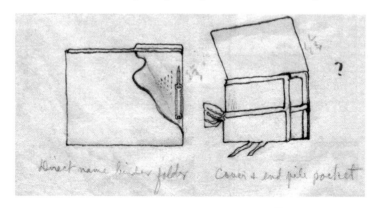

图 3-27　皮制文件夹、计数文件袋③

（注：）Direct Name Leather Folder、Count and File Pocket。

---

① 手稿此图有图无名，现名为编者所加。——编者注

② 手稿此图有图无名，现名为编者所加。——编者注

③ 手稿此图有图无名，现名为编者所加。——编者注

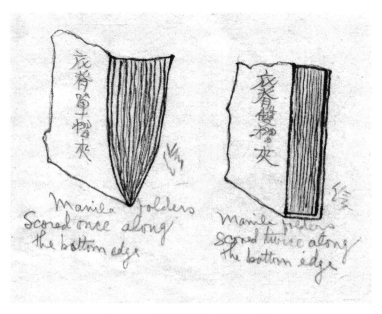

图 3-28　底脊单褶夹及底脊双褶夹

（注：）底脊单褶夹（Manila Folder Scored Once along the Bottom Edge）、底脊双褶夹（Manila Folder Scored Twice along the Bottom Edge）。

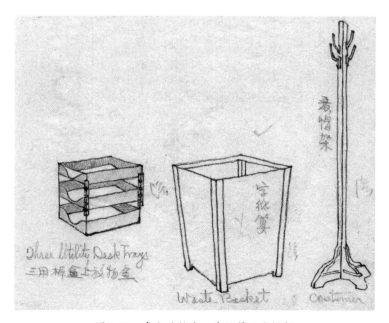

图 3-29　桌上放物盒、字纸篓及衣帽架

（注：）三用桌上放物盒（Three Utility Desk Trays）、字纸篓（Waste Basket）、衣帽架（Coat Rack）。

表 3-6　发文用纸

纸面宽20公分

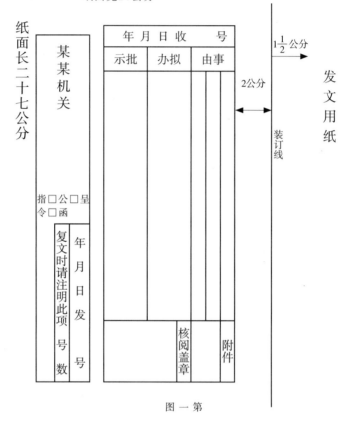

图　一　第

表 3-7　发文稿纸

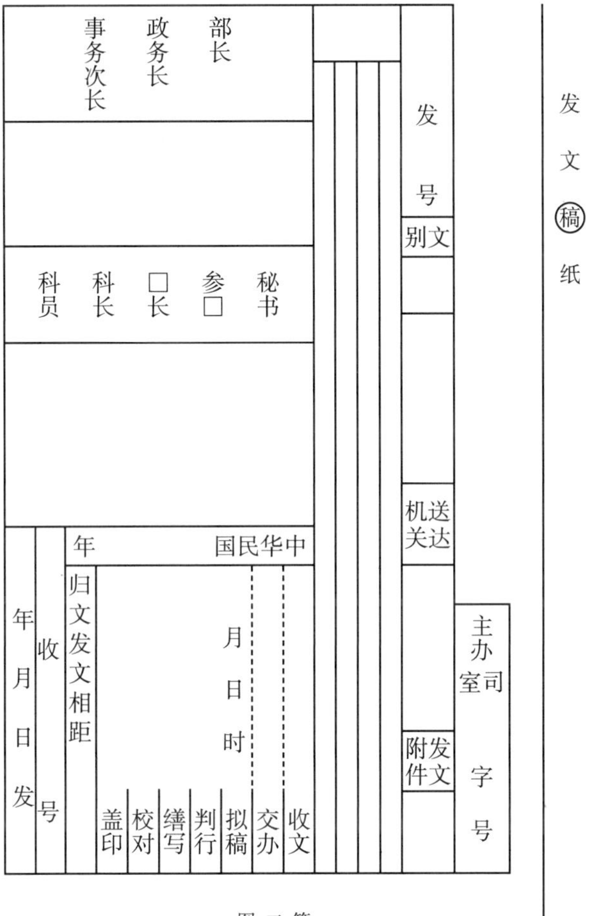

发文稿纸

部长　政务长　事务次长

发号　别文

科员　科长　□长　参□　秘书

机送关达

主办室司　字号

年　国民华中

归文发文相距　月日时

附发件文

年月日发　收号　盖印　校对　缮写　判行　拟稿　交办　收文

图　二　第

201

表3-8 代电纸

表3-9 普通呈文纸式样

内政部快邮代电

代电纸

（上贰5）廿九年 月 日收 号

示批	办拟	由事

复文时请注明此项符号（上贰5）廿九年 月 日

核阅盖章 附件

图三第

普通呈文纸式样

花印

收 号

示批	由事

办拟

件附

具呈人 职业 地址 销保

核阅盖章

年 月 日 到

人

图 四第

表 3-10　公文稿面

公 文 稿 面

右侧（来文／事由）

来文	事由
某字第几号	
别文	
受文者（送达机关）	
别类	
附件	

长官（核稿）

头等长官	二等长官	三等长官	四等长官	五等长官
月　日　时	月　日　时	月　日　时	月　日　时	月　日　时
六等长官	七等长官	八等长官	（无穷等）（末等）（二万等）	长官
月　日　时	月　日　时	月　日　时	月　日　时	

某处之稿

处理登记

档码				交办期	（办事员）	（科员）	何职	何职	⋮	⋮	⋮	⋮
中华民国 年　月 日 总收第几号	中华民国 年　月 日 分（处）收第几号	中华民国 年　月 日 总发第几号	中华民国 年　月 日 分（处）发第几号	年　月 日　时 交缮期	何人	何人	何人	何人	⋮	⋮	⋮	⋮
				年　月 日　时	录事 何人	书记 何人	校对	盖印	⋮	登到	归档	档号或卷号 （如有） 第几号 ○○○ ○○○

传观　署名

203

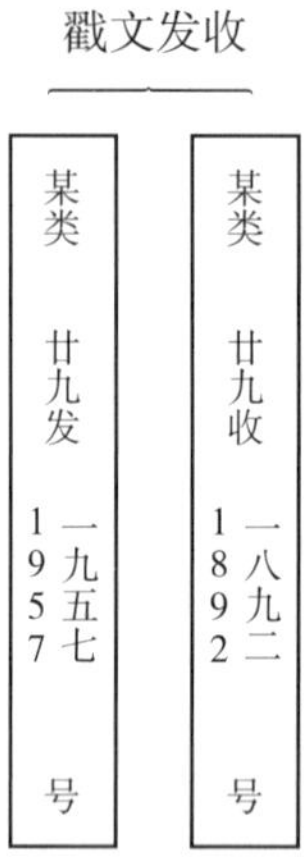

收发文戳

某类 廿九发 1957 一九五七 号

某类 廿九收 1892 一八九二 号

图 3-30　收发文戳

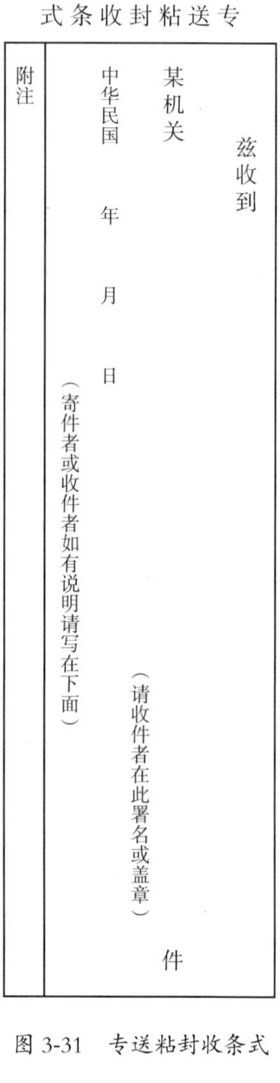

专送粘封收条式

附注

中华民国　年　月　日

某机关

兹收到

（寄件者或收件者如有说明请写在下面）

（请收件者在此署名或盖章）

件

图 3-31　专送粘封收条式

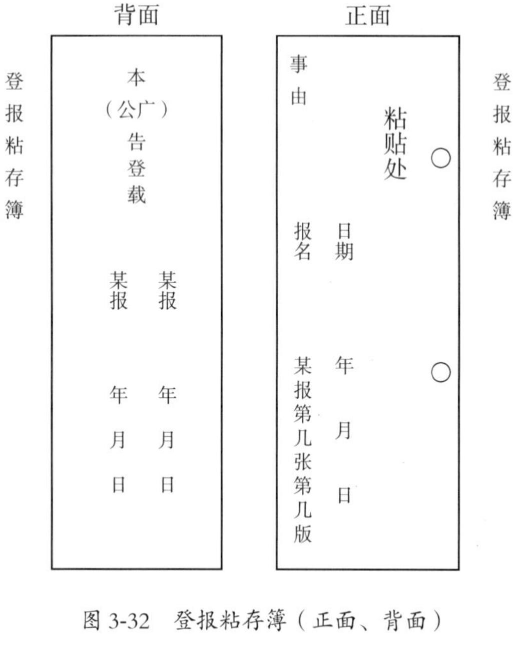

背面

登报粘存簿

本（公广）告登载

某报　某报

年　年
月　月
日　日

正面

事由

粘贴处

报名　日期

某报第几张第几版　年　月　日

登报粘存簿

图 3-32　登报粘存簿（正面、背面）

登报通知单（一通知报馆　一通知会计股好付钱）

敬启者　兹奉上某某

报广告部

刊布大报为盼此致

（广告）　稿一则即希按照下列各

项条件

（一）地位（封面最显著之地位）

（二）字体（a）总标题（b）小标题（c）正文

（三）行数

（四）行数

（五）登载后请每日赐寄贵报一份

某时至某时止共若干日（一日一登或间日一登）

此处盖（第一科戳）　启　月　日

报别	行数	日数	起讫日期	附注

会计处　查照　　文牍股　年　月　日

送件人计数簿

日期	件数		送件人	收据点收人	附注
年月日	午		（签盖）		
	上	下			

图 3-33　登报通知单、送件人计数簿

图 3-34　催档单

单档催关机某某

催档单

档　码
借档年月日
档案名称及档案数日

敬启者上列档案业已到期请即归还为荷此致

先生

档案室
年月日

图 3-35　收文面纸（或称收文摘由笺）

收文面纸（或称收文摘由笺）

发文号数　　收文号数

备考	批示	拟办	交办	摘由	来文者
					地名
					文别
	可以保持净洁	纸上行之公文本身	一切记录均可执此		发来？
					附件
					收文日期
					发文日期
					备注

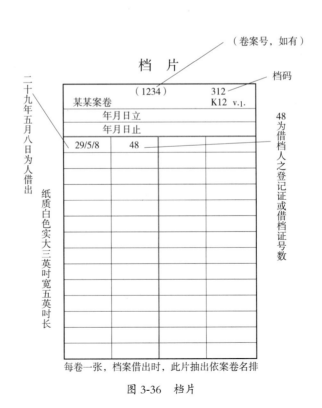

档　片

（卷案号，如有）

二十九年五月八日为人借出

纸质白色实大三英吋宽五英吋长

（1234）		312　档码	
某某案卷		K12 v.1.	
年月日立			
年月日止			
29/5/8	48		

48 为借档人之登记证或借档证号数

每卷一张，档案借出时，此片抽出依案卷名排

图 3-36　档片

206

档片袋

1234　　　　312
档片　　　　K12

此上可印借出
及阅览等
规则

档片袋
（1234）　　　312
K12

每卷一个粘于卷夹内后面下半部

图 3-37　档片袋

档案应待归还之期限（表）（单）（片）

凡借档者可置一片于档案袋内可也

此档案请于下列最后一个日期归还					
年	月	日	年	月	日
29	5	8			
29	5	13			
29	6	2			
29	6	8			
29	7	18			

此单可粘于卷夹中档袋上端若不每卷一张则

图 3-38　档案应待归还之期限（表）（单）（片）

某机关借档者证片

号数

48

姓名：吴某人　其所用印鉴□		
服务部分机要室密电股股长		
自年月日起有效	长官居　□	
29/5/5	323 K12	
	或29/5/8	1234

档号

卷号

按借者姓名首字字顺排列

图 3-39　某机关借档者证片

收发文各用号码者

总发文簿				簿文收总

	发文月日			日月文收
	发文号			号文收
自左至右	收文号			号文发
	来文号			号文来
	受文者			者文来
	文别			别文
	事			事
	由			由
	附件名称及件数			附件名称及件数
	主办处			处办主
	主办人			人办主
	发文方法			日月文复
	归档月日			日月档归
	类号			号类
	备注			注备

图 3-40　收发文各用号码者（总簿立式）

收发文用同一号码总簿立式

	字			字	
总收文号					号文收总
收文日期					期日文收
来文者					者文来
来文号					号文来
文别					别文
事 由					事 由
收文附件					件附文收
何处承办					办承处何
承办之人					人之办承
办理经过	指令准予备案		（2）函复　（1）训令司法院办理		办理经过
发文月日					日月文发
发文附件					件附文发
归档月日					日月档归
档案类别					别类案档
备考					考备

此系自左向右行　　　　　　　此系自右向左行

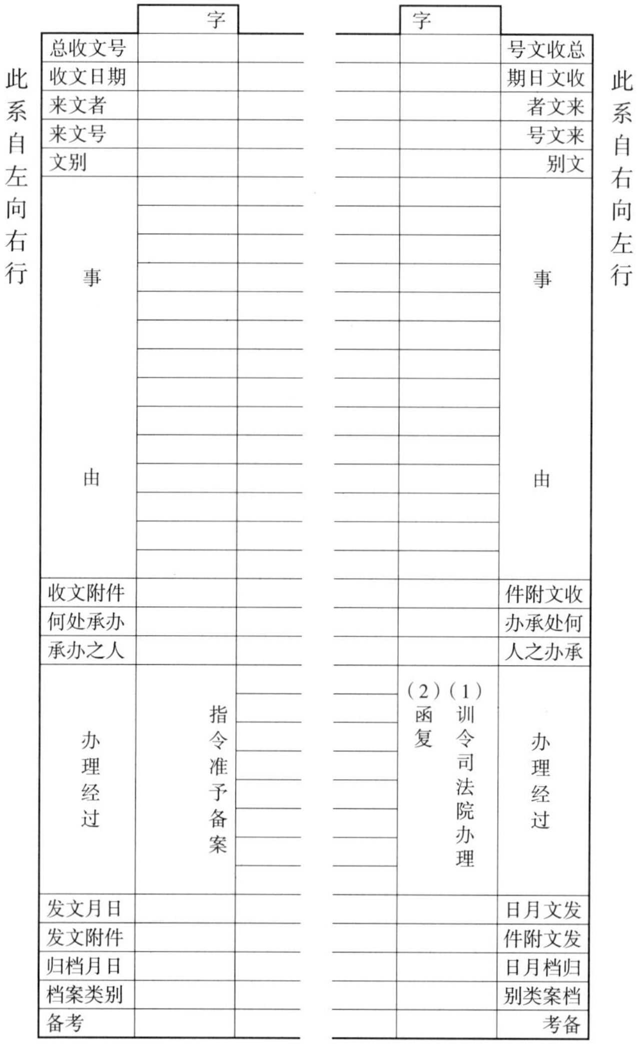

图 3-41　收发文用同一号码总簿立式

209

收发文号	案卷名称或事由	附件名称	注备	注意：
档号或卷号				

某某机关调卷单　立式
（或借档条）

（1）单中所列收发文号、档码及案卷名称或事由三者任填一栏，均可调得档案，三者一项均不知者请将关系者关系地域，□时期或事项性□等注于备注栏□，档案室亦可代为查取。

（2）每单以调一种为限。 （3）无附件或有附件而不愿附件者请于附件名称下打一×为记。

（4）还卷时请取回此单以清手续。

调卷者 处科室 长官名 个人名 签盖

中华民国　年　月　日

附件件数

几本（或册）

（全写或只写一个均可）

图 3-42　某某机关调卷单（立式）

（注：）调卷单依档码排。

某某机关调卷单（横式）

收发文号		档号或卷号	
案卷名称 或事由			几本（册）
附件名称及件数			
备 注		中华民国　年　月　日 　　　调卷者　　　　签盖	

注意：（1）单中所列收发文号、档码及案卷名称或事由三者任填一栏，均可调得档案，三者一项均不知者，请将关系者、关系地域、□时期或事项性□等注于备注栏□，档案室亦可代为查取。
　　　（2）每单以调一种为限。
　　　（3）无附件或有附件而不愿附者请于附件名称下打一×为记。
　　　（4）还卷时请取回此单以清手续。

图 3-43　某某机关调卷单（横式）

十	万	千	百
5	3	2	8

00	323K12	25		50		75	
01		26		51		76	
02		27		52		77	
03		28		53		78	
04		29		54		79	
05		30		55		80	
06		31		56		81	
07		32		57		82	
08		33		58		83	
09		34		59		84	
10		35		60		85	
11		36		61		86	
12		37		62		87	
13		38		63		88	
14		39		64		89	
15		40		65		90	
16		41		66		91	F4D87/605
17		42		67		92	
18		43		68	581D13	93	
19		44		69		94	
20		45		70		95	
21		46		71		96	
22		47		72		97	
23		48		73		98	
24		49		74		99	

立式四行百号收（发）文号档号对照表（此式不易错误）

图 3-44　立式四行百号收（发）文号档号对照表

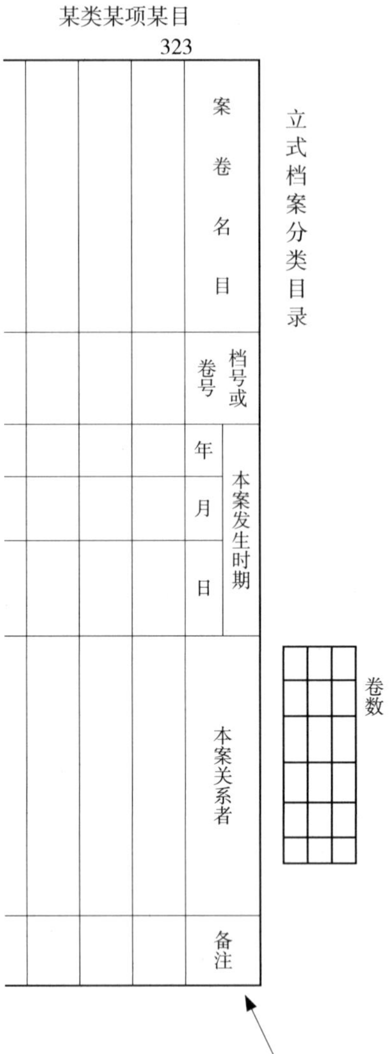

某类某项某目
323

立式档案分类目录

案卷名目	档号或卷号	本案发生时期			本案关系者	备注
		年	月	日		

卷数

某门某类某项323

案卷名目	档码或卷号	本案发生年月日	本案关系者	备考

图 3-45　立式及横式档案分类目录

（注：）两者均可加本数一栏、附件一栏。另发者与（于）其下写另放处之号码。

表 3-11　横式档案室登记簿（详式）

登记年月日	登记总号	收文字号	发文字号	来文字号	收文年月日	发文年月日	受文者来文者	文别	事由	件数	附件名称及件数	主办处	主办者	办理经过情形	案卷名称	档号	备考

表 3-12　横式档案室登记簿（略式）

登记年月日	登记总号	收文字号	发文字号	受文者来文者	文别	事由	附件及件数	主办者	档号	备考

（注：）立式登记簿准此改直。

213

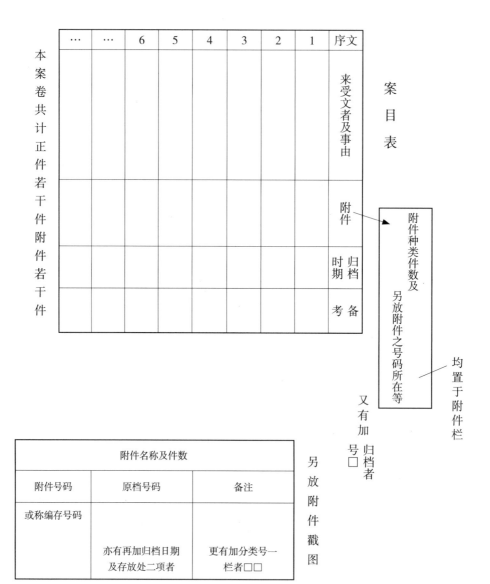

原卷上盖一戳，另放附件上亦盖一戳。

图 3-46　案目表及附件戳图

214

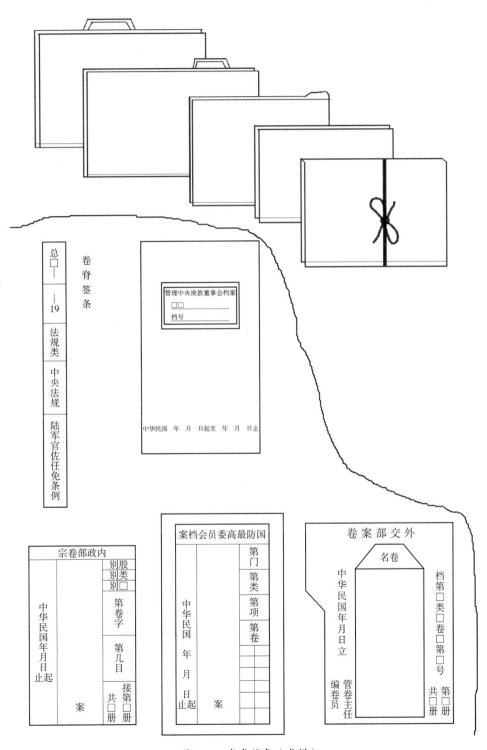

图 3-47 卷脊签条（式样）

215

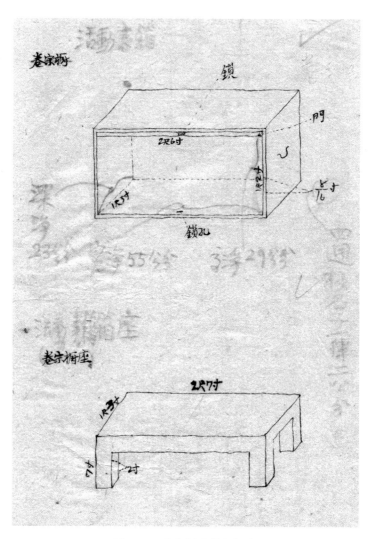

图 3-48　卷宗橱及卷宗橱座

（注：）活动书箱（深净23公分，宽净55公分，高净29公分，四周板厚一律2公分）及活动书箱座。

表 3-13　收发文号档号对照表（1）

收发文号档号对照表

万	千	百									
十＼个	0	1	2	3	4	5	6	7	8	9	
1											
2											
3											
4											
5											
6											
7											
8											
9											

（注：）横式。各机关多用此式。

表 3-14　收发文号档号对照表（2）

收发号	档号	附件号或备注	收发号	档号	附件号或备注
23845	323/K12	K12			

（注：）立式。不限定一百号。

表 3-15　收发文对照报告表（月、旬均可）

（　年　月　日起至　年　月　日止）

收文		发文		收发相距时间	备考
日 期	号 数	日 期	号 数		
月　日　午		月　日　午			（签盖）

表 3-16　送档簿、收发文簿本数号数对照表、通讯录、缮校印发归档共用簿

缮校印发归档共用簿

月／日	
文别	
事由	
附件	
来文及原附件	
缮承签盖日期	
校对签盖日期	
监印签盖日期	
发文签盖日期	
归档签盖日期	
备注	

通讯录（分个人及团体两种，个人可依首字字顺，团体可依性质排列）

名称	地址	电话	附注

收发文簿本数号数对照表

收文簿			
册数	号数（起讫）	日期（起 年月日／讫 年月日）	
发文簿			
册数	号数（起讫）	日期（起 年月日／讫 年月日）	

送档簿

发文	第几号
附收文	第几号
附件	若干件
送达月日	年月日
档案室管卷员签盖	
附注	

表 3-17　分案单、参见单

（文复）

参　见　单		
原案参见	案　由	中华民国年月日
类项目号		收文第□号　发文第□号
第□号		

分　案　单			（一件复文涉及二案以上者）
档号	复文	所述之意见　(答复)	来文者
		号数　文别	
		收到年月日　来文年月日	

（文复）

一件复文涉及二案以上者	分　案　单		
	复文（来文之）档号	(答复)意见	来文者
		（来文者在文□读之）	主别　号数
			来文年月日　收到年月日

档码	某案　名
某案	参见 名（档码）

图 3-49　山隆氏排件法（Shannon File）

图 3-50　明见式排件法（Visible File）

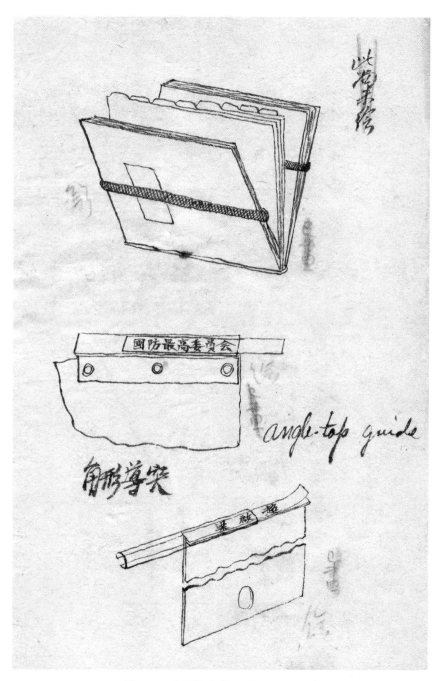

图 3-51　角形导突（Angle-Top Guide）

表 3-18 人员身体检查表

人员身体检查表

						号数	
姓名	性别	职别		有无嗜好			
年龄	结婚否	饮酒否	吸烟否	父母在否	如不在因何病亡	家中有患肺病否	
发育	体高	体重	握力	左 / 右	胸围	概评	
视力	左 / 右	神色	左 / 右	眼病	左 / 右		
听力	左 / 右	耳病	左 / 右				
鼻之状况		咽喉状况					

其他脏器疾病	神经系	
	呼吸器	
	循环器	
	消化器	
	皮肤	
	花柳病	

附记	
总评	检验医师

中华民国　年　月　日检验

表 3-19　人事动态记录表

人事动态记录表（见行政效率3:1）

履历各项可由本人填写，其余各项则由卷宗中逐一登记。每人一页，按姓名字顺排列

姓名												排号			
别号		党籍		资格	学历			家庭状况	父母兄弟妻子女			粘贴相片处			
性别		宗教													
年龄		住址			经历										
籍贯		永久通讯处													
事项 时别	职别	等级	作用类别	任职年月	兼职	实支月俸	奖惩	升降	转调	免职	请假	出差	抚恤	其他	考绩等级

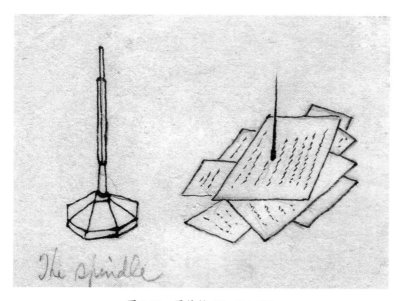

图 3-52　置件针 (The Spindle)

图 3-53　鸽格式排列（Pigeon-Hole File）

图 3-54　白罗氏排件夹（Bellows File）

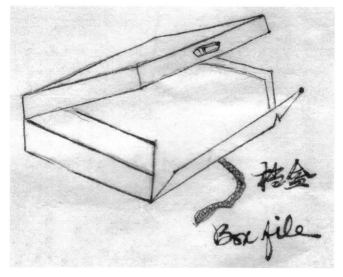

图 3-55 档盒（Box File）

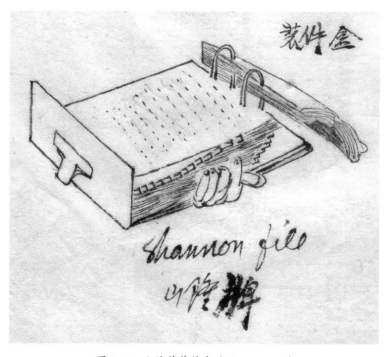

图 3-56 山隆牌装件盒（Shannon File）

225

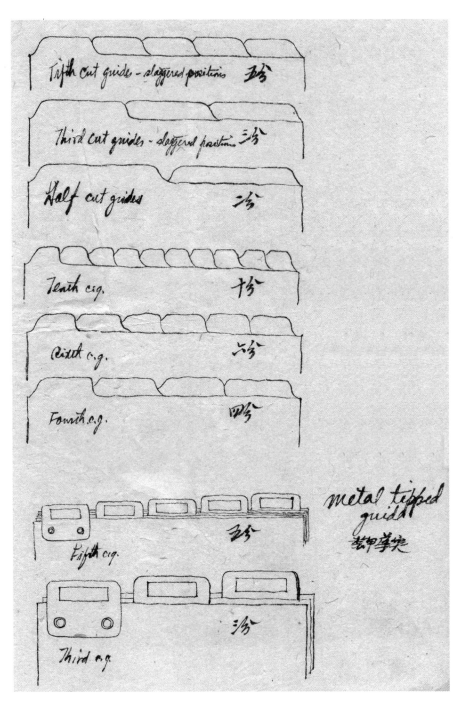

图 3-57　装甲导突（Metal Tipped Guide）

226

表 3-20　人员功过登记表

人员功过登记表

时　间			部　别	事　由	记（功）（过）		备　考
年	月	日			种类	次类	

表 3-21　人员薪工表

试用到职年月日　　　　　　　　　　　　　　　　　　　　　　　停职年月日
正式到职年月日　　　　　　　　　　人员薪工表　　　　　　　　停职事由

调　动			部别	职务	月　薪					加　薪					合　计					起薪			备考
年	月	日			百	十	文	角	分	百	十	文	角	分	百	十	文	角	分	年	月	日	

人员面试记录表

姓　名		某字　　　某号
履　历		
仪 表	服饰	整洁	
		俭朴	
	举止	礼貌	
		态度	诚恳　　沉着　　轻浮
言 语		口齿 清白否	
		言语 有无条理	
		家庭及 经济状况	
		其　他	
		备　考	

主试人某某　　　　　　年　月　日

人员保证书

保证人　姓字　职业
机关或商店所在　省　　县市　机关名或商店牌名
被保证人　姓名　性别　年龄　籍贯　街　号
保证事项
与保证人之关系
被保人将来如有妨害本□□一切利益之事或违背规章或对银钱货物有亏挪舞弊之行为以及任何不法情事概由保证人完全负责其有银钱关系者并代赔偿
去职时此保证书不退还

立保证书机关或商号盖章
保证人盖章

书证保关机某某
贴此相处粘片
查保时
机关或商号重盖章
保证人重盖章
查保人盖章
机关或商号盖章
保证人盖章
查保人盖章

中华民国　年　月　日

图 3-58　人员面试记录表、人员保证书

表 3-22　人事调查表

人事调查表可用较厚之纸两面用

左侧竖排（填表须知）：

填表须知：（1）填表时请自某方至某方格内填写。（2）本表如不敷用可向某处补发。（3）本表一律请用某种笔某种字某种墨填写。（4）本表至迟务于某时填毕寄还。（5）各项问题表格上空格不足用时得用附件说明。（6）号码一栏勿填写。

年　月　日填

号码

		姓名		别号		性别		生时		生地	（省市县）
个人与家庭	**个人**	通讯处	现在						籍贯		
			永久								
		嗜好					疾病				

家庭

人——父母

存亡	名号	年龄	职业及服务职位处所	每月收入情形（若干）

人——兄弟姐妹

名号	年龄	教育及职业	服务职位及处所	嫁娶	每月收入情形（若干）

事——夫妻子女

名号	年龄	教育及职业	服务职位及处所	现与本人（同）（分）住	每月收入情形

经济：

大家庭经济负担人	每月开支　　元	伯叔兄弟已否分居	
（有）（无）小家庭　每月开支　　元	本人每月所负担之至少经费　　元		
家庭所有之不动产约值　　元	动产约值　　元		
家庭经济每年收支（能相抵）（不能相抵）（有余）债务约　　元	存款约　　元		

宗教信仰：

祖父	祖母	父	母	夫	妻	子	女

职历

现职：

机关名称及所在	级位及职务	每月酬金	何时到职	备注（失业及其他）

学历：

学校名称及所在	院科系	起讫年月	学位

党历：

曾否加入国民党	入党年月地址	党证字号

来历

考选：

考选类别及名称	科目	地点	年月	结果

介绍：

介绍人姓名	职业	通讯处	与本人之关系

经历：

服务机关所在	级位及职务	每月酬金	任职起迄年月	因何离职	主管长官及最直接长官姓名

经验与研究与心得

经验：
（1）对于曾经参加之各项重要工作之心得与意见
（2）对于何种专门技能最有经验

研究——著述：

书名或题名	登载刊物之名称或出版处所	出版时期

研究——发明：

名称	用途	现况

备注：（此处请勿填注）

涂照片胶糊处
（1）此处贴近二寸半身服帽正面照片一张。
（2）照片后面请写明姓名。
（3）照片共缴二张，黏此一张外余一张附表送缴。

228

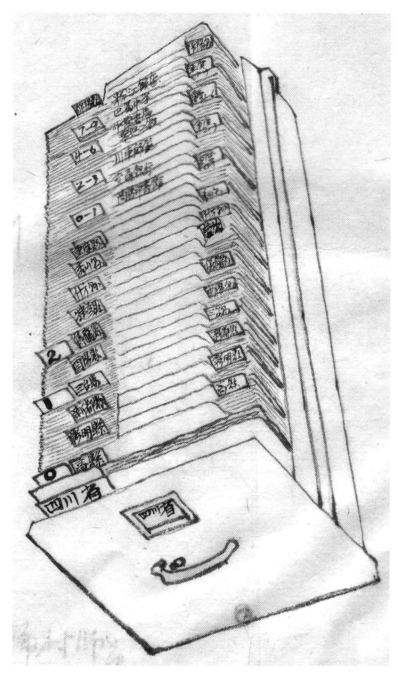

图 3-59　依地域排列法

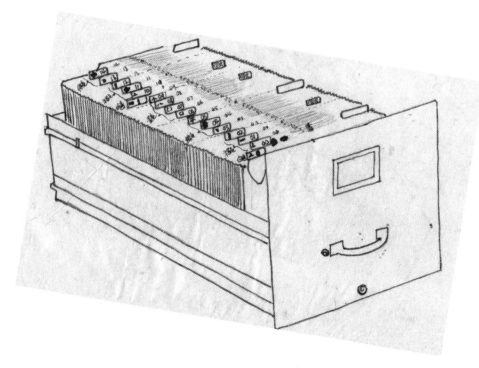

图 3-60 字色立排法（1）

（注：）如用笔画则：蓝 ∫ 4 ；黄 ∣ 3 ；绿 一 2 ；褐 丶 1 ；白 □画 9 。

（附：）09 □省院 09 讲堂 08 诗人 08 纪念 07 文学 07 交际 06广昌 06高县 05商数 05方技

04痘苗 04竞卖 03魔法 03齐河县 02立冬 02庐山训练团 01病理学 01高丽国 00辩护 00调度

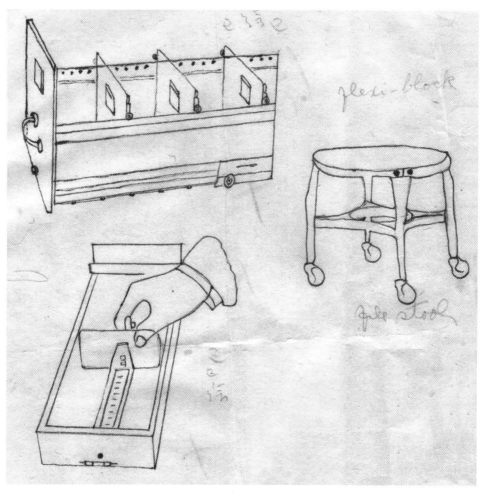

图 3-61　目录抽及文件凳 [1]

———————————
① 手稿此图有图无名，现名为编者所加。——编者注

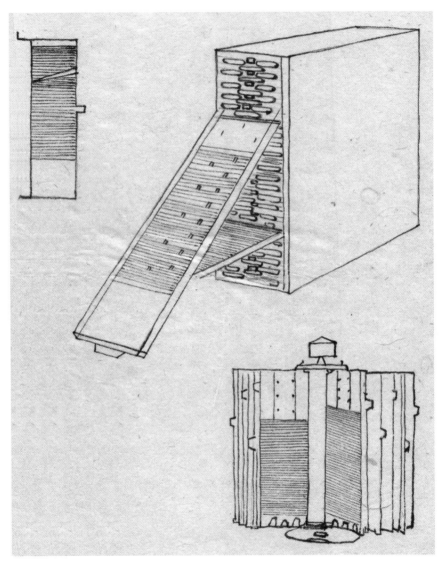

图 3-62　目录柜及明见式目录索引 [1]

图 3-63 档橱（2）

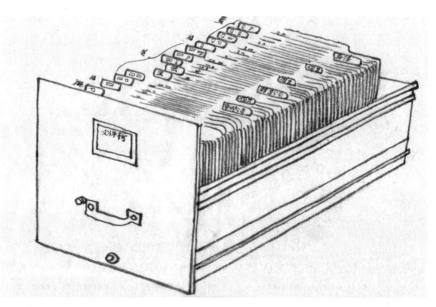

图 3-64　字色立排法（2）

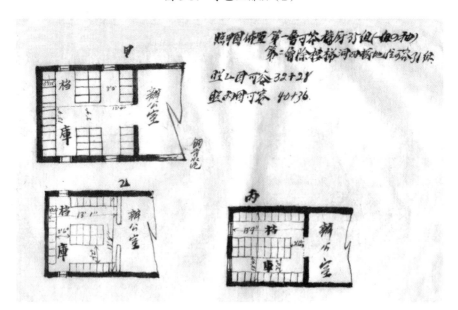

图 3-65　档库平面布局图 [①]

（注：）照甲图布置，第一层可容档橱 35 组（一组 9 抽），第二层除楼梯洞四橱地位可容 31 组。

照乙图可容 39+28（组）。

照丙图可容 40+36（组）。

[①]　手稿此图有图无名，现名为编者所加。——编者注

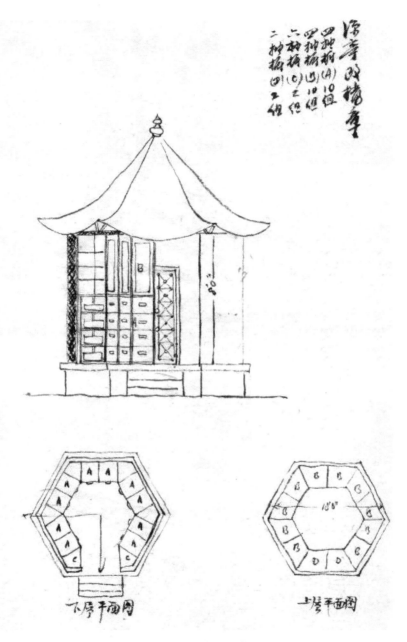

图 3-66　凉亭改档库

（注：）四抽橱（A）10组。

　　　　四抽橱（B）10组。

　　　　六抽橱（C）2组。

　　　　二抽橱（D）2组。

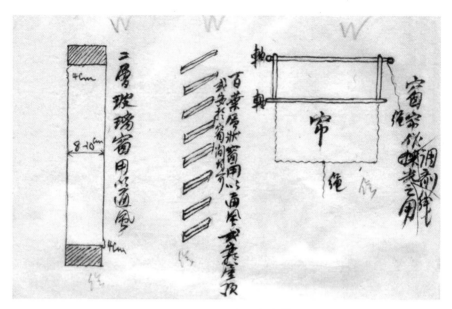

图 3-67　玻璃窗及窗帘 [1]

（注：）二层玻璃窗用以通风。

百叶层状窗用以通风，或安于屋顶，或安于窗间，均可。

窗帘作调剂光线之用。

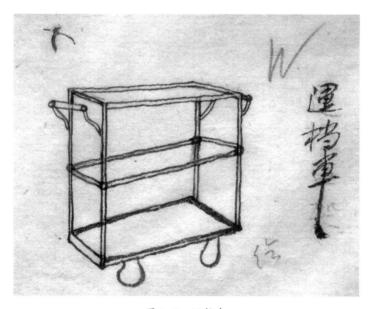

图 3-68　运档车

---

[1]　手稿此图有图无名，现名为编者所加。——编者注

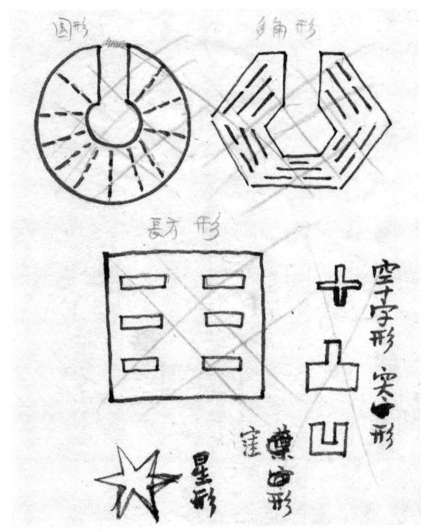

图 3-69　阅档室或档库之三种形式 [1]
（注：）圆形、多角形、长方形、空十字形、突形、洼形、星形。

① 手稿此图有图无名，现名为编者所加。——编者注

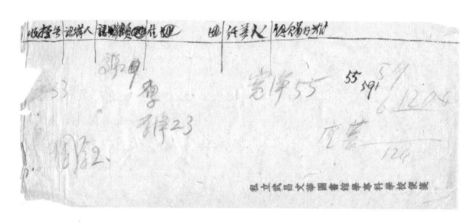

图 3-70　私立武昌文华图书馆学专科学校便笺

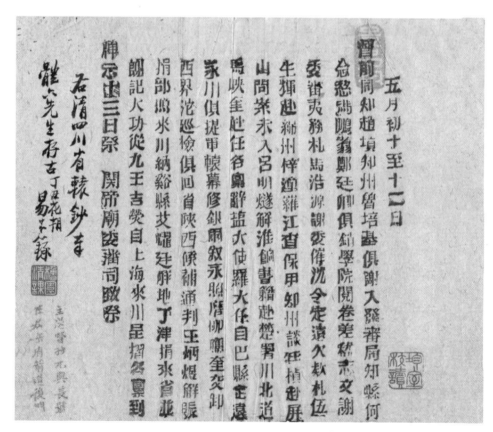

图 3-71　易中箓赠毛坤之辕门抄 [1]

_____

[1] 图名为编者所加。——编者注

第四部分　机关文书处理规程 ①

此规程余于卅一年秋参考各机关办法拟供本校档案科学生参考者。卅二年春由档案专科女学生宋君友宾代抄一份。其时事忙，未曾校对，其中错误甚多，而学生抄写时亦未改正，至不可读。卅四年春借与档训七学生抄写，竟至将此稿失去。屡经清理始得□还，因于暇时校改一过云。

卅四年六月廿三日宜宾毛坤体六题记

第一章　收发规程

第一条　本规程照本机关某规程某章某条制定之。

第二条　文件到达时，传达室收到文件，出具收条，或在其送文簿上盖传达室章。每日编号码于封套上，并将号码、来文者、件数等项登记于簿内，随时送交收发室。

第三条　收发室经管收文之人点收无误后，签收记入收件登记簿。（亦有不用收件登记簿者。）

第四条　经管收文之人拆封，取出公文，每件以回形针夹之。如系便函及无文面者，加一摘由纸或到面填明来文者、文别、通讯地点、事由、附件（拟办、批示）、收文时期、号数等项。

第五条　来文书明机密或长官亲启者，原封夹入收件登记簿，送秘书处转呈拆阅。

第六条　来文封套，不必随文夹送，顺号数次序，另行保管相当时期，方行销毁。

---

① 《机关文书处理规程》原为毛坤的独立手稿。现收入《档案行政学》作为第四部分。——编者注

第七条　附件以随文夹送为原则。过多或过大时，于附件栏内注明另送。登另送附件簿，具录：收件处所、收文号码、附件名称、号数、签盖等项。

第八条　随文应缴之款项，即送出纳处照收，并于附件栏内，由出纳室经收人签名盖章。如系其他款项，指定由收发室经收汇缴者，由收发室出具正式收据，并留存根。

第九条　收文附件另寄，未能与文件同时到达者，于附件栏内签盖明附件未到戳记，并登记于未到附件登记簿内，具录：收文月日、收文号数、投送者、主办司处、附件名称、件数、催到月日、收到月日等项。

第十条　随文附有回文所用之邮票者，暂时抽存，并记录于收到邮费簿内，以便随发文时发还。如不发还者，于月终列报，簿中具录：收文月日、收文号数、投送处所、邮票数目、发还月日、发文号码等项。

第十一条　收文号码每年自一号起，上加年数或某种字别，每件编一号数，写于收文戳内。收文戳盖于文面，或摘由纸备考栏内之左下角。其中具录：收文年月日时、收文号数、主办处所、档案类别、编目追寻等项。

第十二条　将收文按照职掌分别规定主办处所，以铅笔用简号记于收文戳主办处所栏内，须会办者亦记出之。其中规定不由收发室填写之项即不必填。

第十三条　来文经分别承办处所后，即放入卷夹，检明件数，汇交科长核定发还，然后分别送各主办处所。

第十四条　分送各处办理之公文，先登记于收文分送总簿内，其中具录：分送时间、送往何处、簿色、簿号、收文号数等项。

第十五条　送往某一处所办理之公文，登收文分送登记簿，常件为蓝色，速件为红色。各处主办之公文，分别夹入其簿内，具录：送往时间、收文号数、共计件数、收签等项。

第十六条　收文送科长核阅后，批明须先提呈秘书处或某级长官者，应优先编号并登记于提呈簿内，随时送呈。

第十七条　收文送科长核阅后，须改分他处承办者，应即依照改分，于收文戳主办处所栏内，将铅笔所写处以墨笔填正。

第十八条　收文分常件、速件两种。常件每日上、下午各送一次，速件随送。

第十九条 每日收文，登记于收文登记簿。其中具录：收文时期、收文号数、文别、来文机关或个人、来文者、来文号数、事由、附件、主办处所、发文号数等项。

第二十条 收发处除收文外，并须检点、签收送来封发之各项文件。

第二十一条 发文编号每年自一号起，号上加年数或某种字别，每件编一号，盖发文号码及发文年月日戳于文件上规定之处所。所有发文登记于总发文簿内。发文簿格式、纸张、装订、厚纸与收文簿同。其中具录：发文时期、发文号数、文别、发往机关或个人（收文者）、事由、收文号（即来文号）、主办处所（会核令办处所）等项。

第二十二条 每日收文依号码次序缮写油印，分发本机关内各处所查阅，最后一页注明各处主办文件文数目，以便统计。

第二十三条 发文附件以随文附送为原则。如附件过多或过大须另寄时，于附件栏内注明"另寄"字样。另寄之件必须注明发文号数。

第二十四条 与本机关常有来往之机关或个人，须随时登记于机关、个人地址登记簿内，具录：名称、所在地址、迁移地址等项。

第二十五条 发文之时如尚未填写送发地址等，须查明地址登记簿，注于封套面上。

第二十六条 文件登记后装入封套之时，须注意封套于文件不得头尾颠倒，不得甲文乙套，不得遗漏附件。

第二十七条 同时发送同一机关数件公文，得并入一个封套内封发，但发文号仍须分别注于封套面上。

第二十八条 邮寄文件均须挂号，如系速件则用快递或航空。封套左上角盖邮递类别戳，照规定贴足邮票。

第二十九条 邮递文件分挂号、快信、航空挂号、航空快信及平件五种。均须分别登记于邮递登记簿内。簿中具录：投送处所、发文号数、附件数目、种类、主办或交发处所、重量、贴用邮票数量、邮局回单号数、投送地址等项。

第三十条 投送文件登记于复写投送登记簿内，亦即送文回单，另以一张

扯下浮黏于封套上，以便送到签章后收回。其中具录：文别、发文号、投送处所、附件、收件等。签收投送年月日、投送号及投送人，或另制送文簿，填明必要各项，由收文者签盖带回亦可。

第三十一条　文件投送后，将邮票回单之号码逐一填入邮寄登记表之邮局回单号数栏内。邮局回单须逐日排存签收之，送文回单仍黏存于复写投送登记簿内。

第三十二条　无法投递退回之文件，须查对地址登记簿有无错误，如确实无法投递，须通知原主办处所再设法寄递。

第三十三条　寄发文件所用邮票每次可购若干，先由经管人出具临时收据，经主管处所核准后向出纳处购取，俟得邮局正式收据后，换回临时收据条。

第三十四条　每日发出文件数目及邮费之收支结存均须填表登记，每周之末连同邮局单一并呈核。

第三十五条　每日发文依次以蜡纸缮写，经校对无误后油印分发本机关内各处查阅。最后一页注明各处主办之件数，以便统计。

第三十六条　发文手续完毕后，文稿及应存之附件按日整理，直送档案室归档或送还主办处所归档。

第三十七条　每月缮印之收发文油印表应自留乙份，指定专人保管并将底版焚毁。

第三十八条　紧急重要之发文须立即发出，其他次要及寻常之件亦应当日办清。

第三十九条　每日收发文字号、件别、数目等，由收发文人员填收发文日报表汇报。

第四十条　凡有限期发出之文件数量过多须漏夜赶办者，得签准给与（予）加班费或点心费。

第四十一条　所有收发之文件应一律严守秘密。

第四十二条　收发室需用之一切纸张、物品等，概由收发室主管人员具领核发。

第四十三条　科收发收到总收发送来文件应即登记于科收发文簿中。簿中具录：总收文号、来文机关、科收文号、文别、事由、附件、承办人、办理情形、送达处所、送出时日等项。

第二章　承办规程

第四十四条　科收发收到总收发送来文件登记后应装于卷夹内，标明件数，呈本科科长核阅，俟分注承办人姓名发下后，再将文件分送呈（承）办人员拟办，并于科收文簿中承办人栏签收。

第四十五条　所收文件经科长核定须改送他科办理者，应将原件以科送文簿退回总收发室，改编字别另行分送，不得径自移转。

第四十六条　承办人员收到科收发送来之办理之文件，签收后即依其送来先后次序或依其要次程度逐件办理。

第四十七条　承办人员对于承办事件，可以根据法令章制、前案事理决定办法者，即行拟稿呈核。

第四十八条　承办人员在主管职掌范围以内之事件，均有自行拟稿之责。

第四十九条　起稿前先搜集材料及决定大意，俟材料及意见决定后即行起稿。起稿大抵依起首、本文及结尾三部之次序为之。

第五十条　起首或叙事由，如呈为报查账、灾情形事；或分叙事由，如为函知事；或全部省略，如国民政府令，各依其情形用之。

第五十一条　文件本文撰作之次序可用直叙之法，其次序大概如左：

（一）叙明根据或原因，多数用"查""照""得""凡""窃"等字引起。

（二）叙明办法或意见。

（三）叙明指示或期望。

（四）叙明除外之事。

（五）叙明附夹之物件。

（六）叙明特别声明。

（七）叙明告诫之语。

第五十二条 文件之撰作可用案叙法，其次序大概如左：

（一）叙明根据，用奉令、准函、据呈、准电等词。

（二）引述，用开、略开、内开、等因、等由等词。

（三）转呈，用奉此、准此、据此等词。

（四）叙明意见、旧案或经过，用窃查、自应、当经、在案、有案等词。

（五）接末，用奉令前因、兹准前由、复奉前因、选据前情等词。

（六）除外，如除分行外、除由某某呈明外等是。

（七）叙明办法或指示，用自应遵照办理、兹奉前因理合具文、呈复钧府察核、合亟合仰该厅即便知照等词。

（八）希祷，或劝勉，或告诫，用伏乞批示祗遵、实为公便、本某有原望焉、切切勿违等词。

（九）特别声明，用再、又、合、并陈明等词。

（十）附件，用计抄、计发、附呈等词。

第五十三条 文件撰作引据、成案时，重要之原文须全行照录，不甚重要者摘其要点，用以……一案或关于……一案，除原文有案，邀免冗叙外，后开等因等词，通常文件只记来文时期、来文号数及事由。

第五十四条 引据复杂，前后不同者，用正核办间、后奉复、准复、据等因（等由、等情）、奉此、准此、前来卷查……一案……当经……核示……旋奉……等因……复经……办理……又经……各在案……兹奉……等因奉此等词。

第五十五条 文件结尾用此令、此布、此示、此状、此咨、此致、谨呈、此批等词。

第五十六条 文件撰作之结构要有起承转合，又各有虚实不同。凡正面虚起反面虚承，正面实转正（反）面实合，或正面实起反面虚承，反面实转正面实合均可。

第五十七条 文字有数宜，宜层次显明，眉目清楚；宜设想办法，简而易行；宜语句整齐，易于上口；宜体裁合式，切合身份；宜精细入微，斟酌妥当；宜处处留神，不稍松懈；宜根据事实，不尚臆断。

第五十八条　文字有数应，对于繁杂情形，应委曲达出；对于指摘牵连之语，应知趋避；对于办理，应留余地，以备转圜；对于措词用字，应求灵活，以便伸缩；对于前后文句，应有照应，不可另生枝节。

第五十九条　文字有数忌，忌寒暄客套空谈；忌俗杂鄙陋；忌浮泛；忌浓艳馥郁；忌晦涩生硬；忌排比典奥；忌头绪纷繁；忌拖沓重复。

第六十条　文字有数须，须有分寸（如万难照准、碍难照准、殊难照准、遽难照准、暂难照准是）；须有伸缩（如尚称完备、应无不合等是）；须有斟酌（如迎头痛击与相机痛击、屡战屡败与屡败屡战，轻重大不相同）；须有呼应（如等因一□、奉此一应、所有缘由一□、理合一应等是）。

第六十一条　文字又须平实直质，不可长吁短叹——呜呼、悲夫、噫嘻、哀哉等词不宜应用。

第六十二条　各承办人员对于其承办之文件难以决定办法或虽有证据而犹存疑虑者，可面请上级长官核示或签呈请示，待奉指示后再行拟稿。

第六十三条　签呈须将理由或拟具办法及意见呈候核示或采择。

第六十四条　上级长官对于下级所请示之件可以判定办法者即行指示之，否则再呈上级长官核夺。

第六十五条　凡文件须存案备查无庸办理者，呈阅核准后即记下归档（亦有少数机关遇无关重要之存查文件不必再行呈阅，即由科中自行存查归档者），若应存查之公文已由收发处直交长官阅过者，科中无庸再呈批准存查。

第六十六条　每一稿件需用稿面、稿底装订成册，其有原文、附件者亦装入之，以免遗失，而便翻阅（稿件各页及其夹入原文、附件之骑缝处，并盖印章，以防抽换）。

第六十七条　稿面之右上角应具有（或印就，或盖戳）某处某司某科或及某处某司某科会办之记录。

第六十八条　重要、紧急、秘密之件，应于稿面之上方加盖重要、紧急、秘密等戳记，以区别于寻常之件。紧急文件须立即办出，不可延搁。秘密之件须严守秘密，不可泄漏。

第六十九条　拟呈之稿件、签呈及呈阅之件应由科收发，用送稿簿、签呈

簿、呈阅簿等分别摘录事由，随簿呈上级长官审核。

第七十条　送稿簿、签呈簿、呈阅簿等，应依附送文件之性质而区以色别。

第七十一条　各级负责长官对于稿件均有审核之权，如须修改，应于修改之处加盖印章，以明责任。

第七十二条　公文稿件中事情性质关涉两科或两署两部以上之职掌者，由主办者先办，分稿送请会办者会核之。

第七十三条　各部会会签簿及回单，应由各部会总收发室保存会签簿及回单，登记手续由总收发室办理。

第七十四条　各部会会稿应由主稿机关总收发室编列稿号在正、副稿稿面之右下角，书明"会稿第××号"字样。会签簿及回单上所登记稿号应与稿面之稿号完全相同。

第七十五条　各部会会签簿概用布面，其颜色分为深绿、淡绿二种，速件、重要稿件用深绿簿面，次要、例行稿件用淡绿簿面。簿内纸张用中国毛边纸，簿长约廿九公分，阔约廿五公分，每簿订五十双页。

第七十六条　各部会会签簿，应在簿面右角上编列字号，以便查考。

第七十七条　各部会会稿由主稿机关用会签簿夹稿附送。

第七十八条　会稿如系速件或要件，主管机关须派人专送；次要及例行公文而派信差、送稿者。为慎重起见，应制白铁公文箱，以免遗失。

第七十九条　会稿送签用之回单颜色，纯白，纸张用宣纸。卡片长十五公分，阔十六公分，上部留扎孔二，以便装订作登记簿。

第八十条　回单分为二种，一为主稿机关送签回单，于会稿手续办（理）完竣后装订成册，为该机关主办会稿登记簿；一为会稿机关送还会稿回单，于会稿手续办理完竣后装订成册，为各部会送来会稿文件登记簿。

第八十一条　各机关未经会签时，回单应附夹于会签簿面上与收到会签簿之机关，应在回单之××年××月××日送××部会栏内加盖××部会收到戳记，立即将回单交来人携回。

第八十二条　会稿若为派员专送之件，应在稿面注明或加盖"派员专送"

字样戳记。主稿机关收发室于是项正文会稿发出后——会稿部会收发室于收到是项会稿之印稿时——仍应补发回单，并在片上之某年某月某日送某部会栏内注明"派员专送"字样，以便编作登记簿之用。

第八十三条　会稿机关若只有二部，会印后会稿机关收发室即将印稿抽存乙份归档，并在会签簿之某月某日送某部会栏内加盖某部会抽存印稿一份戳记。若会稿机关在三部以上时，主稿机关于正文发出后应收印稿（稿上加盖已发戳记），用会签簿逐一分送会稿机关（不用回单）。会稿机关在会签簿之某月某日移送某部会印栏内之本机关名上加盖某部抽存印稿一份戳记，会签簿仍交还来人，印稿抽存归档。

第八十四条　会稿发文号数无论由主稿机关编发或由会稿机关编发，均须详细注明于会签簿及各稿稿面，以便编发文号之机关根据稿面发文号移注于回单上，以备查考。若两机关会稿之印稿已先由会印机关抽存者，发文应由主稿机关收发室在会稿机关之回单上注明之。

第八十五条　密件于会稿簿及回单上均不注明事由，原件及附件应用火漆封固，封面注明稿号，派员专送。

第八十六条　公文稿件经按级递次审核或会核后，用送稿簿呈送长官判行。

第八十七条　部长、署长审核判阅之文稿，先由高级秘书整理之，次长、部长复核之。

第八十八条　紧急及秘密之件，其呈递核判之手续须由承办之员亲自为之，以期速密。

第八十九条　判行长官不在时，紧急之件得由其次级长官审核后负责先发，然后补行。

第九十条　稿件判行后，发交（或发向原办之处科）缮写正式文件或译成电码，然后校对，盖印，封发。

第九十一条　秘密之件由承办员眼同用印后即封口交发。封面上加盖"秘密"或"亲启"字样，封口处并加盖火漆印。

第九十二条　奉谕拟办或自动拟办之签稿，或未经总收发室编列字号之来

文文件，可编临时字号，登记本室科收发文簿中。

第九十三条　科收发人员应每日填处理公文日报表及于次日晨填文件稽核表，以便稽考已办未办之文件。

第九十四条　每日所收总收发室所送来之收发文油印表，呈科长核阅后应妥为保存，俟月终汇订成本，以便考查。

第九十五条　科收发人员应经收各项表册报告，呈科长核批办理后暂为保存，俟失去时间性时再呈明销毁。

第九十六条　科收发对外有送文时，另立对外发文簿或对外送文簿记载之。

第三章　缮校盖印规程

第九十七条　主管缮校人员承科长之命，指挥监督所属缮校一切判行文稿及各科室交缮之件。

第九十八条　收到各缮件后应立收缮簿登记之，并核查收送之件与送缮簿所述是否相符，件数相符否，日期相符否，于稿面加盖缮校室收到日期戳记，签还送缮簿。

第九十九条　视承缮人员之能力及文件之性质、要次、上行、平行、下行，或毛笔书写，或复写，或油印，妥为分配，并将承缮人名戳盖入收缮簿中，注明交缮日期，再分登承缮簿发与缮写人缮写。

第一百条　承缮文件紧急者即刻缮竣，重要者即日缮竣，次要者两日以内缮竣，寻常者三日以内缮竣。

第一〇一条　印件在两页以上者须编页码，印件印成须将底版焚毁，其已装订之文件有机密性者，须编号并于面页右角上加注"机密"字样。

第一〇二条　凡有限期，须办公时间以外赶办者，得呈准核给加班费或点心费。

第一〇三条　缮写之速率及写法应另行详为规定，其中应注意者：

（一）每日工作若干时，每日应写普通字若干，钢板字若干，复写字若干。

（二）上行、下行、平行、油印、复写之字数如何算法。

（三）表格、图样如何算法。

（四）错误如何算法。

（五）每日超过所写规定之字数，如何算法。

第一〇四条　缮校室需用之纸张、物品，由主管缮校人员具领保管，随时核发。

第一〇五条　缮校室每日工作情形，应于翌晨填具工作日报表，呈科长核阅。

第一〇六条　交缮文件经收到后应绝对保守秘密，非经科长以上人员条谕，不得任人偷阅。

第一〇七条　稿已判行即发还科处或直交缮校室缮写，其格式须依定法书写。公布法规令之格式，凡公布免职令格式，公布委任令格式、任命状格式、训令格式、指令格式、批示格式、咨文格式、公函格式、呈文格式均不可错误。事由中如提及上级机关，须另一行起以示尊敬。

第一〇八条　缮写之时，上行文件须字体端整，平行文字不可过于草率，下行文字须笔画清楚，可以辨认。缮写之时，尊称不可写在页之末行，否则谓之临边；抬头前行不可写满，否则谓之满扣；上行文自称不可平头，否则谓之平头；签名不可恰在双页之第一行，否则谓之僭界；单字不能成为一行，否则谓之孤鸾扣；单独一行不能写占一笺，否则谓之截尾扣；公文纸一幅写不完时可以后接纸书写，但第一张必须全纸，不可接纸，否则谓之斩首扣。

第一〇九条　上行、平行之文有错字时，只可批补，不可涂改。数字、人名、日期及重要文义不得批补。下行文可涂改，但须盖章。（数字宜大写，如壹、贰、叁等。）

第一百十条　遇例行文件稿中有"云云"或"抄写"字样者，缮写时须照抄原文。

第一百十一条　一文数发之文稿中有双行夹写者，须分开缮写。

第一百十二条　关于文中称谓。从前上行自称职或职某，平行自称敝或本，下行自称本。近规定无论上行、平行、下行，一律本字。称人之时，下行

称人为该，上行直书职衔或加钧字，平行称人为贵或大几行。

第一百十三条 关于文中抬头。用于咨文及公函者，对方抬头，其他高出于双方之机关亦抬头。用于训令时，除他机关地位高出发令者外（或与之平行者），概不抬头。泛指政府、省政府者不抬头。在抬头后，下文与之紧签者不再抬，如部长鉴核，部长抬头则鉴核不再抬，单鉴核则抬。

第一百十四条 关于校对。校以两人校对为原则，一人看原稿，一人读缮正之文件。重要文件应一次校对后二人互调再校一次。

第一百十五条 校对应注意之事项。第一，格式有无不合；第二，文句有无错误；第三，字画（划）有无错误；第四，双行夹写是否抄错；第五，省略部分是否抄全；第六，称呼有无错误；第七，抬头有无错误；第八，有否独字成行、独行成笺情事；第九，有无临边、满扣、平头、僭界、涂批等情事；第十，须分别文之缓急先后次序校之；第十一，每件稿面须注校对时日。

第一百十六条 校对须用一定之符号于另纸或原稿之上作记，依手续交还缮写者改正缮写后，缮写者于原稿底面缮写人之上盖章，校对人亦须于原稿底面校对之下盖章，并须于正式公文之底叶（页）左方下角上盖章，缮写印件未付印前须将底版先送校对。

第一百十七条 将缮就之公文全套送交监印处用印。先将缮就文件折好，再将附件折好置于缮件之下，再将封套及原稿依次置于其下，填送印簿。其上具录：送印日期、文件名称及件数、事由、附件等项。

第一百十八条 监印者照送印簿点明，于其上盖章签收。正文在年月上用齐年压月正印。文纸中有接连者用骑缝印。骑缝印，上行用正印，平行、下行可用斜印，但须头左尾右。封套正面上下黏缝上用正印两个，在背面年月上齐年压月用正印一个。附件、清册、表册亦必须用印（图说与转抄别处章制可不必用印）。面页在面笺之下用印，不留余地，上面压字亦不妨骑缝印，与前同。底页仍于年月上用齐年压月正印。

第一百十九条 原稿稿面中间用斜印，骑缝亦用斜印。长官缮就之条谕或节略交办者，须将谕条附黏稿底，于骑缝处用斜印。关于钤章，应于正文底面官名之下加盖官章。监印员自己负责之戳盖在校对员之后，即底页之左方下角最左之处。

第一百二十条　监印员应备用印登记簿，具录年月、文别、件数、事由、何处送印、发往何处、附记等项，然后连同送签簿交回长官或直交收发处点验无误，方可封发。

（完）

索引

本索引由两部分构成，即人物机构事件索引和文献索引。前者以人物名称、机构名称和事件名称为标目，后者以文献名称为标目，侧重收录毛坤手稿正文中与档案之历史、档案管理机构、档案事业、档案学文献等密切相关的条目。本索引按照汉语拼音字母顺序排序，英文条目集中排在索引前部。各条目的出处以阿拉伯数字标识。

人物机构事件索引

文献索引